Publikumswerbung für verschreibungspflichtige Arzneimittel

PFORZHEIMER WIRTSCHAFTSRECHTLICHE STUDIEN

Eine Reihe der Fakultät für Wirtschaft und Recht der Hochschule Pforzheim

Herausgegeben von
Rainer Gildeggen und Andreas Willburger

Band 1

PETER LANG
Frankfurt am Main · Berlin · Bern · Bruxelles · New York · Oxford · Wien

Fabian Rieß

Publikumswerbung für verschreibungspflichtige Arzneimittel

PETER LANG
Europäischer Verlag der Wissenschaften

Bibliografische Information der Deutschen Nationalbibliothek
Die Deutsche Nationalbibliothek verzeichnet diese Publikation in der Deutschen Nationalbibliografie; detaillierte bibliografische Daten sind im Internet über <http://www.d-nb.de> abrufbar.

ISSN 1863-205X
ISBN 3-631-55890-2

www.peterlang.de

Vorwort der Herausgeber

Die Fakultät für Wirtschaft und Recht an der Hochschule Pforzheim bildet Wirtschaftsjuristen und Betriebswirte aus. Praxisorientierung und Interdisziplinarität bestimmen neben der heute unabdingbaren Internationalität das Profil der wirtschaftsrechtlichen Ausbildung in Pforzheim. Mit der vorliegenden Reihe soll dem Profil der Lehre und Forschung an der Hochschule in Pforzheim Rechnung getragen werden. Sie will Studierende, Kolleginnen und Kollegen motivieren ihre Studienergebnisse mit wirtschaftsrechtlichem Bezug weiterhin zu vertiefen und einer breiteren Öffentlichkeit zugänglich machen.

Zur Sicherung der Qualität der in der Reihe veröffentlichten Studien wurde ein Beirat eingerichtet, der über umfassende Sachkompetenz in den Bereichen Recht, Betriebswirtschafts- und Volkswirtschaftslehre verfügt. Der Beirat wählt die zu veröffentlichenden Arbeiten aus.

Rainer Gildeggen   Andreas Willburger

Vorwort

Die Idee zu einer ausführlichen Auseinandersetzung mit der Publikumswerbung für Arzneimittel entstand im Rahmen eines fünfmonatigen Praktikums bei der Pfizer Deutschland GmbH in Karlsruhe, wo auch mein Interesse für Fragen des Gesundheitswesens und des Arzneimittelmarktes geweckt wurde.

In diesem Zusammenhang gilt mein besonderer Dank Herrn Knuth Stemmer, der mich mit wertvollen und kritischen Ratschlägen stets unterstützt hat.

Widmen möchte ich diese Arbeit aber Dir, Patrizia. Ohne Dich und Deine fachliche und persönliche Unterstützung wäre diese Arbeit nicht entstanden.

Health literate citizens are an asset to society.

– European Commission
G10 Medicines Group, 2001

Advertising is clearly an immensely powerful instrument for the elimination of ignorance.

– George J. Stigler
The Economics of Information, 1961

Inhaltsverzeichnis

Verzeichnis der Abkürzungen

2. GKV-NOG	2. GKV-Neuordnungsgesetz (1997)
a. F.	alte Fassung
a.a.O.	am angegebenen Ort
a.E.	am Ende
ABl.	Amtsblatt der Europäischen Union
Abs.	Absatz
AMG	Gesetz über den Verkehr mit Arzneimitteln
AOK	Allgemeine Ortskrankenkasse
ApoG	Gesetz über das Apothekenwesen
Art.	Artikel
ASA	Advertising Standards Authority (Neuseeland)
AVWG	Arzneimittelversorgungs-Wirtschaftlichkeitsgesetz
BA	Bundesagentur für Arbeit
BDA	Bundesvereinigung Deutscher Arbeitgeberverbände
BfArM	Bundesinstitut für Arzneimittel und Medizinprodukte
BGBl.	Bundesgesetzblatt
BIP	Bruttoinlandsprodukt
BMG	Bundesministerium für Gesundheit (ab der 16. Wahlperiode)
BMGS	Bundesministerium für Gesundheit und Soziale Sicherung (vor der 16. Wahlperiode)
BMJ	British Medical Journal
BPI	Bundesverband der Pharmazeutischen Industrie e.V.
BT-Drucks.	Drucksache des Deutschen Bundestages
DTCA	Direct To Consumer (Drug) Advertising
DTCI	Direct To Consumer (Drug) Information

EFPIA	European Federation of Pharmaceutical Industries and Associations
EG	Vertrag zur Gründung der Europäischen Gemeinschaft
EMEA	European Medicines Agency
EU	Europäische Union
EUV	Vertrag über die Europäische Union
FDA	Food and Drug Administration
Fn	Fußnote
GAO	General Accounting Office
GemBA	Gemeinsamer Bundesausschuss
GG	Grundgesetz für die Bundesrepublik Deutschland
Ggf.	Gegebenenfalls
GKH	Europäischer Gemeinschaftskodex für Humanarzneimittel
GMG	Gesetz zur Modernisierung der Gesetzlichen Krankenversicherung (2004) – auch: GKV-Modernisierungsgesetz
GRUR	Gewerblicher Rechtschutz und Urheberrecht
GRUR-Int	Gewerblicher Rechtschutz und Urheberrecht – Internationaler Teil
GSG	Gesundheitsstrukturgesetz (1993)
Hrsg.	Herausgeber
HWG	Gesetz über die Werbung auf dem Gebiete des Heilwesens
HWVO	Polizeiverordnung über die Werbung auf dem Gebiete des Heilwesens
i.V.m.	in Verbindung mit
IAPO	International Alliance of Patients' Organizations
IFPMA	International Federation of Pharmaceuticals Manufacturers Association
JAMA	Journal of American Medical Association

KBV	Kassenärztliche Bundesvereinigung
m.w.N.	mit weiteren Nachweisen
MBO-Ä	(Muster-) Berufsordnung für die deutschen Ärztinnen und Ärzte
MPG	Gesetz über Medizinprodukte
n.F.	neue Fassung
o.O.	ohne Ort
OTC	Over the Counter
PatG	Patentgesetz
Pharm.Ind.	Die pharmazeutische Industrie
PhRMA	Pharmaceutical Research and Manufacturers of America
POM	Prescription Only Medicine
RGBl	Reichsgesetzblatt
RiLi	Richtlinie der Europäischen Union
RWI	Rheinisch-Westfälisches Institut für Wirtschaftsforschung e.V.
Rz	Randzahl
SGB	Sozialgesetzbuch
SGB V	Sozialgesetzbuch, fünftes Buch – Gesetzliche Krankenversicherung
StGB	Strafgesetzbuch
TAPS	Therapeutic Advertising Pre-vetting System
Tz	Textziffer
US	United States
USA	United States Of America
UWG	Gesetz gegen den unlauteren Wettbewerb
VBW	Vereinigung der Bayrischen Wirtschaft e.V.
VFA	Verband Forschender Arzneimittelhersteller e.V.
WidO	Wissenschaftliches Institut der AOK
WSA	Wirtschafts- und Sozialausschuss

Verzeichnis der Abbildungen

Einleitung

Arzneimittel sind ein unverzichtbarer Bestandteil einer jeden Gesundheitsversorgung. Sie vermögen Menschen zu heilen, Leben zu retten, Schmerzen zu lindern und die Gesundheit der Bevölkerung zu verbessern. Durch die medizinische Forschung von Pharmaunternehmen werden immer mehr Krankheiten mit immer wirksameren und effizienteren Arzneimitteln behandelbar.

Gleichzeitig stellen Arzneimittel jedoch auch einen gewichtigen Kostenfaktor in den nationalen Gesundheitssystemen dar. Um diese Systeme von steigenden Arzneimittelausgaben zu entlasten, wurden Teile der Arzneimittelkosten auf die Patienten übergewälzt. Dies wurde zum Beispiel durch Ausgliederung bestimmter Arzneimittel aus den Leistungskatalogen der gesetzlichen Krankenkassen oder durch eine Erhöhung der Zuzahlungen zu Arzneimitteln erreicht. Während die Arzneimittelversorgung früher von den Krankenkassen getragen wurde, müssen die einzelnen Patienten heute selber in verstärktem Maße für ihre Arzneimittelversorgung aufkommen.

Unabhängig von dieser Kostenbeteiligung hat sich das Patientenbild in den vergangenen Jahren gewandelt. Immer mehr Patienten möchten heute als mündige Patienten angesehen und an Entscheidungen, die ihre Gesundheit betreffen, beteiligt werden. Sie möchten verstehen, an welcher Erkrankung sie leiden und sie möchten wissen, welche Therapie ihnen helfen kann.

Diese beiden Entwicklungen haben eine gemeinsame Folge: Patienten, die ihrer Rolle als „zahlende Konsumenten“ und als „mündige Patienten“ gerecht werden wollen, benötigen umfassende und richtige Informationen über die sie betreffenden Gesundheitsbelange – in diesem Fall Arzneimittel. Nur ein Patient, der ausreichende Informationen über Krankheiten und verfügbare Therapieformen hat, kann das Preis-Leistungs-Verhältnis eines Arzneimittels treffend einschätzen und kann aktiv an seiner Behandlung teilnehmen. Damit die Patienten in die Lage versetzt werden können, von ihrem Selbstbestimmungsrecht Gebrauch zu machen, müssen sie die Möglichkeit erhalten, sich aus verschiedenen seriösen Quellen über Arzneimittel zu informieren.

Gegenwärtig stehen einem Patienten in Europa, der sich unabhängig von seinem Arzt zunächst selbst über eine Krankheit oder die zur Therapie verfügbaren Arzneimittel sowie deren Wirkung und Nutzen informieren möchte, nur wenige solcher Quellen zur Verfügung.

Eine Instanz, die gleichzeitig sowohl Interesse an der Verbreitung von Arzneimittelinformationen hat, als auch die notwendigen Informationen besitzt, um die Patienten über Arzneimittel zu informieren und zudem noch die Mittel besitzt, den Patienten kostenlose Informationen zur Verfügung zu stellen, sind die Hersteller der betreffenden Arzneimittel. Aufgrund eines in Europa geltenden Verbotes der Öffentlichkeitswerbung ist es diesen jedoch untersagt, die Bevölkerung über ihre Produkte zu informieren, wenn diese einer ärztlichen Verschreibungspflicht unterliegen.[1] Nach der herrschenden Meinung verbietet dieses Werbeverbot jedoch nicht nur die Werbung der Hersteller für ihre verschreibungspflichtigen Produkte, sondern erstreckt sich – mit Ausnahme der Packungsbeilage – gleichzeitig auch auf jede Form diesbezüglicher Informationsvermittlung von Seiten der Hersteller an die Patienten.[2]

Die vorliegende Arbeit hinterfragt, ob dieses generelle Informationsverbot für verschreibungspflichtige Arzneimittel aus heutiger Sicht noch zeitgemäß, zielführend oder notwendig ist. Ziel ist es herauszuarbeiten, ob und inwiefern bessere Informationen über verschreibungspflichtige Arzneimittel einen Beitrag für die Patienten leisten können und ob auch die Arzneimittelhersteller in die Vermittlung von Informationen für Patienten mit eingebunden werden sollten. Diese Fragestellung steht insbesondere vor dem Hintergrund, dass neue Medien wie z.B. das Internet es ermöglichen, den Patienten Informationen zur Verfügung zu stellen, ohne die Patienten direkt zu bewerben. (Die Form der Informationsvermittlung, die dem Patienten erlaubt selbstbestimmt auf die Information zuzugreifen, wird im Folgenden auch „Pull-Situation" genannt.) Auf diese Weise könnten die Patienten auch Informationen der Hersteller beziehen, ohne dass sie ständigen, zum Teil auch unerwünschten Werbeeinflüssen ausgesetzt wären, wie dies z.B. bei Fernsehwerbung der Fall wäre. (Die Form der Informationsvermittlung, die ohne explizite Nachfrage bzw. Wunsch des Patienten die Information an ihn heran trägt, heißt entsprechend „Push-Situation"[3].) Zudem soll geprüft werden, ob eine Lockerung des Verbotes der Publikumswerbung für verschreibungspflichtige Arzneimittel noch weitere positive Effekte, sowohl für die Patienten als auch für die Gesundheitssysteme, mit sich bringen kann.

Das einleitende Kapitel beschreibt hierzu in knapper Form den Markt für verschreibungspflichtige Arzneimittel und stellt die einzelnen am Markt beteiligten Parteien und ihre Funktionen kurz vor. Es geht zudem auf einige ausgewählte arzneimittelrechtliche Rahmenbedingungen ein.

Im folgenden zweiten Abschnitt wird der Stellenwert der Arzneimittel in der Gesundheitsversorgung näher beleuchtet. Der bisherige Verlauf der Arzneimittelausgaben in Deutschland und Europa sowie die Gründe für einen vergangenen und auch zukünftigen Anstieg der Arzneimittelausgaben sollen kurz dar-

---

[1] Vgl. Art. 88 Abs. 1 RiLi 2001/83/EG: „Die Mitgliedstaaten verbieten die Öffentlichkeitswerbung für Arzneimittel, die (...) nur auf ärztliche Verschreibung abgegeben werden dürfen."; siehe: Anlage 10.2.

[2] Vgl. hierzu Kap. 4.5.

[3] Zu den Begriffen Push- und Pull-Situation vgl. *Lorz* (2005), S. 897

gestellt werden. Es wird auch gezeigt, wer die Arzneimittelkosten im Einzelnen trägt und wie die Ausgaben zunehmend auf den Patienten verlagert werden.

Der dritte Abschnitt der Arbeit legt dar, wieso aus der veränderten Kostensituation und einem allgemeinen Wandel des Patientenbildes ein gesteigerter Informationsbedarf der Patienten resultiert.

Der vierte Abschnitt nennt die Quellen, aus denen sich Patienten heutzutage über verschreibungspflichtige Arzneimittel informieren können, und zeigt, warum die Möglichkeiten der Patienten, sich unabhängig über Arzneimittel zu informieren, heute oft nur unzureichend sind. Im weiteren Verlauf werden die Verbote der Publikumswerbung für verschreibungspflichtige Arzneimittel in Deutschland und in Europa mit ihrer historischen Entwicklung und ihren Begründungen beschrieben. Abschließend wird erklärt, warum aus dem Werbeverbot ein generelles Informationsverbot resultiert. Hieran schließt sich ein Überblick über aktuelle Entwicklungen in Politik und Rechtsprechung auf dem Gebiete der Arzneimittelwerbung sowie auf verwandten Rechtsgebieten an.

Im fünften Abschnitt wird erläutert, wieso die Möglichkeiten des Herstellers, den interessierten Patienten Informationen über verschreibungspflichtige Arzneimittel zur Verfügung zu stellen, liberalisiert werden sollten. Es soll zusätzlich geprüft werden, ob Gründe bestehen, dem Informationsbedarf der Patienten nicht nachzukommen. Die Arbeit stellt hierbei die Situation in den USA und in Neuseeland vor, wo Publikumswerbung auch für verschreibungspflichtige Arzneimittel generell, also auch im Rahmen der so genannten „Push-Situation" gestattet ist. Ziel ist es zu zeigen, welche Auswirkungen diese weiter gehende Informationsform hat und welche Lehren sich daraus ziehen lassen. Abschließend soll geprüft werden, inwieweit die Auswirkungen der „Push-Information" in den USA und Neuseeland sich auf die Ermöglichung einer „Pull-Information" in Europa übertragen lassen.

Im sechsten und letzten Abschnitt wird ein Modell vorgestellt, das den Arzneimittelherstellern die Möglichkeit gibt, interessierten Patienten Informationen über verschreibungspflichtige Arzneimittel im Sinne einer „Pull-Situation" zur Verfügung zu stellen. Für die Patienten soll so eine weitere Quelle für Arzneimittelinformationen erschlossen werden, auf die sie bei Bedarf zugreifen können. Somit geht es, unabhängig davon, ob das Verbot der Publikumswerbung in der gegenwärtig bestehenden Form nicht sogar verfassungswidrig ist, keineswegs um eine generelle Abschaffung dieses Verbotes. Letztlich diskutiert werden soll die Möglichkeit zugunsten der Patienten, Informationen über verschreibungspflichtige Arzneimittel beim Hersteller nachzufragen. Es gilt das Verbot dahingehend zu modifizieren, dass die Vermittlung richtiger und nicht irreführender Arzneimittelinformationen auf Wunsch der Patienten gestattet wird. In diesem Zusammenhang wird auch gezeigt, inwieweit eine Lockerung des Werbeverbotes nicht nur die gegenwärtig vorhandenen Informationen vervollständigen kann, sondern darüber hinaus auch einen Mehrwert für alle Beteiligten generieren könnte.

1. Der Markt für Arzneimittel

1.1. Der Markt

Der Arzneimittelmarkt weist eine Vielzahl marktspezifischer Besonderheiten auf und ist daher mit anderen (Konsumgüter-)Märkten nicht ohne weiteres vergleichbar. Ein Grund hierfür ist, dass die Funktionen „Entscheiden", „Bezahlen" und „Verwenden" im Hinblick auf das Arzneimittel weitgehend auseinander fallen.[4] Zudem sind an diesem Markt mehr Parteien beteiligt als dies bei anderen Märkten der Fall ist (vgl. Abb.1).[5]

Abb. 1 - Beteiligte am Arzneimittelmarkt

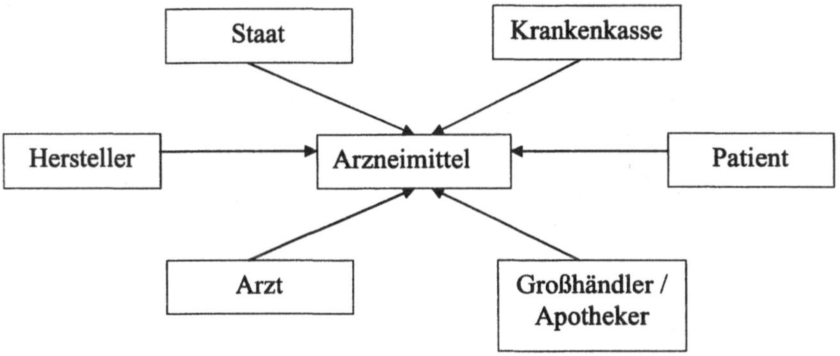

Kernelement des Marktes ist der Handel mit dem Produkt, also dem Arzneimittel. Die Marktteilnehmer können und sollten ihr Handeln jedoch nicht nur an wirtschaftlichen Gesichtspunkten ausrichten, sondern sind gehalten, auch (volks-)gesundheitliche und ethische Erwägungen mit in Betracht zu ziehen. Denn auch wenn Arzneimittel gesundheitlich nutzbringend sind und Leben retten können, stellt die Einnahme von Arzneimitteln gleichzeitig auch einen Eingriff in den menschlichen Körper dar, der mit gewissen gesundheitlichen Risiken verbunden sein kann. Dieses Spannungsfeld erklärt warum, der Arzneimittelmarkt durch eine Vielzahl von Vorschriften reglementiert ist.

Die vorliegende Arbeit wird sich vorwiegend mit der Beziehung zwischen Herstellern und Patienten auf diesem Markt befassen. Dennoch sollen nachfolgend auch die anderen Marktteilnehmer kurz betrachtet werden, da sie alle versuchen, Einfluss auf das Geschehen und die Ausgestaltung des Marktes zu neh-

---

4 Vgl. auch: *Hohensohn* (1998), S. 37 m.w.N.

5 An normalen Konsumgütermärkten beteiligen sich regelmäßig nur Hersteller, Zwischenhändler und Verbraucher.

men.[6] Somit soll ihre jeweilige Interessenlage kurz beleuchtet werden, um einschätzen zu können, welche Reaktionen eine etwaige Lockerung des Publikumswerbeverbotes bei ihnen auslösen könnte.

1.2. Das Produkt

Humanarzneimittel sind – vereinfacht gesagt – Mittel zur Heilung, Linderung oder Vorbeugung von Erkrankungen des Menschen.[7] Darüber hinaus sind die auf diesem Markt gehandelten Produkte in der Regel Fertigarzneimittel, also „Arzneimittel, die im Voraus hergestellt und in einer zur Abgabe an den Verbraucher bestimmten Packung in den Verkehr gebracht werden".[8] Der Begriff Arzneimittel, wie er in dieser Arbeit verwendet wird, bezeichnet also Fertigarzneimittel, die zur Anwendung am Menschen bestimmt sind.

Die Arzneimittel lassen sich weiter danach untergliedern, wie ihre Abgabe an den Verbraucher reguliert ist. Maßstab für die vertriebliche Eingliederung ist der jeweilige Grad der Gefährdung, der dem betreffenden Arzneimittel zugeschrieben wird. So unterliegen grundsätzlich alle Arzneimittel wegen ihrer prinzipiellen Gefährlichkeit einer Apothekenpflicht und dürfen folglich nur von Apothekern an Endverbraucher abgegeben werden.[9] Als Ausnahme hierzu können Arzneimittel von der Apothekenpflicht dann ausgenommen werden und frei verkauft werden, wenn selbst bei unsachgemäßer Anwendung keine Gesundheitsgefahr zu befürchten ist.[10]

Apothekenpflichtige Arzneimittel unterteilen sich wieder in verschreibungspflichtige Arzneimittel und verschreibungsfreie, so genannte „over-the-counter"-Arzneimittel (OTC-Arzneimittel). OTC-Arzneimittel darf der Apotheker ohne weitere Beschränkungen an Endverbraucher abgeben, während verschreibungspflichtige Arzneimittel nur nach Vorlage einer ärztlichen Verschreibung vom Apotheker herausgegeben werden dürfen.[11] Der Verschreibungspflicht unterliegen Arzneimittel, die auch bei bestimmungsgemäßem Gebrauch die Gesundheit des Menschen gefährden können, würden sie ohne ärztliche Überwachung angewendet.[12] Somit dient die Verschreibungspflicht dem Schutz der Gesundheit der Patienten, die vor den Risiken eines Zuviel- oder Fehlgebrauches von Arzneimitteln bewahrt werden sollen. Sie ist auch durch europä-

---

6 Vgl. *Gehrig* (1992), S. 45
7 Für eine ausführliche Definition siehe: § 2 AMG
8 In Abgrenzung zu Arzneimittel, die der Apotheker erst zubereitet, vgl. § 4 Abs.1 AMG
9 Vgl. § 43 Abs. 1 AMG
10 Vgl. § 44f. AMG
11 § 48 Abs. 1 AMG
12 § 48 Abs. 2 Nr. 1 AMG

ische Rechtsakte vorgeschrieben und besteht somit in dieser oder ähnlicher Form in allen Mitgliedstaaten der EU.[13]

Abb. 2 – Übersicht der humanpharmazeutischen Fertigarzneimittel

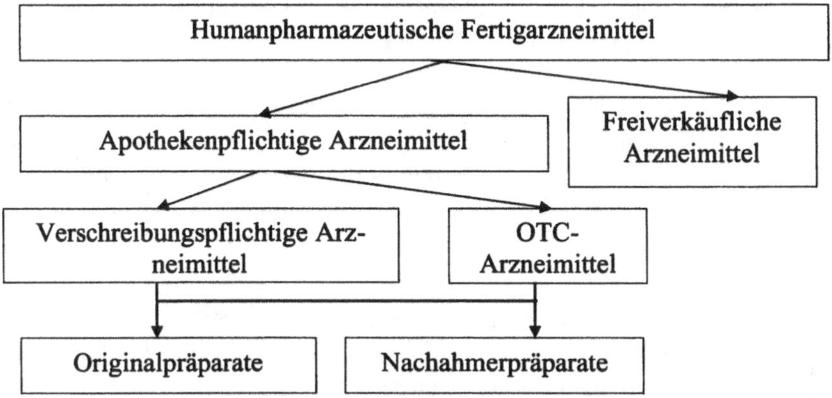

Bei apothekenpflichtigen Arzneimitteln wird weiterhin unterschieden zwischen Originalpräparaten und Nachahmerpräparaten, während diese Unterscheidung bei freiverkäuflichen Arzneimitteln faktisch bedeutungslos ist. Originalpräparate sind Arzneimittel, deren Wirkstoffe in der Regel von forschenden Herstellern entwickelt wurden. Sie sind zunächst meist durch ein Patent geschützt und werden daher nur vom Hersteller oder von Lizenznehmern vermarktet. Nachahmerpräparate sind Arzneimittel, deren Wirkstoffe mit denen von Originalpräparaten chemisch identisch sind, die aber in der Regel von Nicht-Originalherstellern unter einem anderen Warenzeichen vermarktet werden. Dies ist ohne Zustimmung des Patentinhabers erst nach Ablauf des Patentschutzes möglich.[14] Nachahmerpräparate werden häufig mit dem Begriff „Generika" charakterisiert, auch wenn dieser Begriff nicht ganz treffend ist.[15] Die Unterscheidung zwischen Original- und Nachahmerpräparaten ist zwar vor dem Hintergrund des Arzneimittelgesetzes und der Heilmittelwerbung weitgehend irrelevant, sie ist jedoch z.B. im Zusammenhang mit Kostendämpfungs-Regelungen

[13] Vgl. Art. 70 – 75 der RiLi 2001/83/EG (GKH) in der Fassung der RiLi 2004/27/EG

[14] Der Schutz gilt grundsätzlich für 20 Jahre (vgl. § 16 PatG); zu den Besonderheiten auf dem Arzneimittelmarkt vgl. BPI (2005a), S.17 f.

[15] Der Name Generikum bezeichnet ursprünglich Nachahmerprodukte, die unter der internationalen Kurzbezeichnung der Wirkstoffe vermarktet werden. Nachahmerprodukte mit eigener Marke sind daher eigentlich keine Generika.

der Sozialgesetzgebung bedeutsam geworden[16], da Generika regelmäßig einen niedrigeren Preis haben als Originalpräparate.

1.3. Die Patienten

Wegen der erheblichen unterschiedlichen Rahmenbedingungen wird der Arzneimittelmarkt auch sprachlich meist deutlich vom Konsumgütermarkt abgehoben. Deshalb wird der Verbraucher von Arzneimitteln nur selten als Kunde, Konsument oder eben (End-)Verbraucher bezeichnet, sondern als Patient. In seiner weitesten Definition umfasst dieser Begriff alle Personen, die ein Interesse an Arzneimitteln haben bzw. Arzneimittelinformationen nachfragen.[17] Dieser Definition folgend lässt sich die Gesamtheit der Patienten nach den Gründen untergliedern, aus welchen sie Arzneimittelinformationen benötigen bzw. an ihnen interessiert sind:

1. Gesunde Personen, die gesundheitsbewusst leben und sich aktiv mit medizinischen Fragen und Krankheitsprävention befassen und Interesse an Arzneimittelinformationen haben,
2. Angehörige von erkrankten Personen, die praktisch helfen oder Anteil nehmen wollen,
3. erkrankte Personen, die auf medizinische Hilfe angewiesen sind und die in Kenntnis ihrer Krankheit Kontakt zu Ärzten und Apothekern haben und Arzneimittel benötigen,
4. geheilte Personen, die nicht mehr auf medizinische Hilfe angewiesen sind, die gesundheitsbewusst leben wollen und die sich z.B. schon aus Gründen der Prävention auch weiterhin mit medizinischen Themen befassen.

Diese Sichtweise bedeutet eine Erweiterung gegenüber dem sonst gebräuchlichen Patientenbegriff, nach dem nur gegenwärtige Verbraucher von Arzneimitteln zu den Patienten gezählt werden. In dieser Arbeit soll der erweiterten Definition gefolgt werden und der Begriff des Patienten als „alle potentiellen Nachfrager von Arzneimittelinformationen" verstanden werden.

---

[16] Z.B. bei der „Aut-idem-Regelung". Hiernach können Apotheker ein vom Arzt verordnetes Arzneimittel gegen ein verfügbares wirkstoffgleiches, kostengünstigeres Arzneimittel (i.d.R. Generikum) austauschen, sofern der Arzt die Substitution nicht ausdrücklich ausgeschlossen hat. Das Präparat muss in Wirkungsstärke und Packungsgröße mit dem verordneten Arzneimittel identisch und für das gleiche Krankheitsbild zugelassen sein sowie die gleiche oder eine austauschbare Darreichungsform haben. (http://www.das-glossar-zur-gesundheitsreform.de/glossar/aut-idem_regelung.html?GO=AdWords), zuletzt besucht am 26.05.2006

[17] Vgl. auch die Patientendefinition in: Cap Gemini Ernst & Young (2001), S. 5

Rechtlich ist der Patient der Souverän über alle Entscheidungen, die seine Gesundheit betreffen. Natürlich ist es ihm unbenommen, auch die Verschreibung seines Arztes bzw. generell eine medikamentöse Therapie abzulehnen, wenn er davon nicht überzeugt ist. Ausführungen zu dem sich wandelnden Patientenbild folgen an späterer Stelle.

1.4. Die Hersteller

Der Arzneimittelmarkt wird sowohl von Herstellern von Originalpräparaten als auch Herstellern von Nachahmerpräparaten bedient. Die Produktpalette eines Herstellers kann hierbei nicht-apothekenpflichtige, apothekenpflichtige und verschreibungspflichtige Arzneimittel, sowie Originalpräparate als auch Nachahmerprodukte umfassen. Beim Vertrieb ihrer Produkte sind die Hersteller an gesetzlich geregelte Absatzwege gebunden. Um ihre Forschungsinvestitionen zu amortisieren, nachhaltig zu wirtschaften und zukünftige Forschungsprojekte zu finanzieren, müssen die Hersteller auf gut besetzten Märkten ihre Produkte gewinnbringend verkaufen. Hersteller von Produkten bedienen sich hierbei regelmäßig verschiedener Marketinginstrumente, um beim Konsumenten Kaufanreize auszulösen.[18] Im Falle von verschreibungspflichtigen Arzneimitteln ist der Patient als Konsument jedoch grundsätzlich nicht befugt, eine eigene Kaufentscheidung zu treffen, da der Arzt das Arzneimittel zunächst per Rezept verordnen muss. So werben die Hersteller verschreibungspflichtiger Arzneimittel gezielt bei Ärzten für ihre Produkte, da diese weitgehend über deren Konsum entscheiden.

Hierbei bewegen sich die Hersteller in dem einleitend beschriebenen Spannungsfeld zwischen Ethik und Wirtschaftlichkeit.[19] Wollen sie erfolgreich am Markt teilnehmen, müssen sie Produkte verkaufen. Andererseits sind sie dem Schutz der Gesundheit der Patienten verpflichtet und dürfen wegen eventueller Arzneimittelrisiken nicht darauf hinwirken, dass ihre Produkte an Menschen abgegeben werden, die diese gar nicht benötigen. Dies wird einerseits durch strenge gesetzliche Bestimmungen für Arzneimittel-Werbemaßnahmen[20] und ande-

---

[18] Siehe z.B. *Wöhe, Günter* (2000): Einführung in die allgemeine Betriebswirtschaftslehre, 20. neubearbeitete Auflage, München, S. 517 f.

[19] Zum Spannungsfeld zwischen privatwirtschaftlichen und sozialpolitischen Interessen vgl. *Gehrig* (1992), S. 44

[20] Vgl. hierzu die allgemeinen Anforderungen an Werbung aus dem Gesetz gegen den unlauteren Wettbewerb (UWG) und die Bestimmungen des Heilmittelwerbegesetzes (HWG); hierzu auch: Kap. 6.2.

rerseits durch Selbstverpflichtungen und Selbstkontrolle[21] der Hersteller sicher gestellt.

1.5. Der Staat

Die Bundesrepublik Deutschland hat als sozialer Bundesstaat[22] u.a. die Aufgabe, für soziale Gerechtigkeit unter den Bürgern und für soziale Sicherheit der Bürger zu sorgen. So ist es Ziel der staatlichen Gesundheitspolitik, „die Gesundheit der Menschen – unabhängig von ihrer wirtschaftlichen und sozialen Situation – zu erhalten, zu fördern und im Krankheitsfall wiederherzustellen sowie die Menschen zu einem eigenverantwortlichen, gesundheitsbewussten Verhalten zu veranlassen".[23] Kernelement des Gesundheitswesens und Ausdruck des sozialstaatlichen Prinzips ist die gesetzliche Krankenversicherung, die den einzelnen Bürger gegen Krankheitsrisiken absichern und ihm in besonderen Notlagen Unterstützung gewährleisten soll.

Der Staat greift einerseits in den Markt ein, um die Gesundheit der Bürger zu schützen, zu fördern und ggf. wieder herzustellen. Dies geschieht etwa durch den Erlass von Vorschriften für die Arzneimittelzulassung, die Absatzwege von Arzneimitteln, die Arzneimittelwerbung oder die Ausbildung der im Gesundheitswesen tätigen Personen. Andererseits greift der Staat aber auch mit wirtschaftlich motivierten Maßnahmen in den Markt ein, um die Finanzierung der gesetzlichen Krankenkassen zu gewährleisten. Ausdruck hiervon sind z.B. die Anhebung der Krankenkassenbeitragssätze, Zuzahlungsregelungen, Zwangsrabatte oder Festpreise auf Arzneimittel.[24] Diese Maßnahmen dienen der staatlicherseits angestrebten und geförderten Kostendämpfung.

Diese beiden Ziele staatlichen Handels sind oft nur schwer miteinander vereinbar und somit deutlichster Ausdruck des Spannungsverhältnisses, in dem

---

21 Vgl. EFPIA (2004); IFPMA (2000); „Kodex der Mitglieder des Bundesverbandes der Pharmazeutischen Industrie e.V." in BPI (Hrsg. 2004), S.1461 ff.; „Verfahrensordnung der Mitglieder des Bundesverbandes der Pharmazeutischen Industrie e.V. zum IFPMA Code of Pharmaceutical Marketing Practices (IFPMA-Marketingkodex)" in BPI (Hrsg. 2004), S.1527 ff.; „Ethical criteria for drug promotion" in BPI (Hrsg. 2004), S.1551 ff.; FS-Arzneimittelindustrie Kodex, (http://www.fs-arzneimittelindustrie.de/FSA.nsf/0/E264D1677C4ECAB680256FC5003401AF/$file/Kodex_02.12.05.pdf); vgl. hierzu allgemein: *Fink-Anthe* (2006)

22 Art. 20 Abs. 1 GG „Die Bundesrepublik Deutschland ist ein demokratischer und sozialer Bundesstaat."

23 BT-Drucks. vom 22.05.85; vgl. auch *Hohensohn* (1998), S. 19

24 Es soll jedoch nicht unterschlagen werden, dass der Staat neben der wirtschaftlichen Lage der GKV auch die wirtschaftliche Situation der pharmazeutischen Industrie zu berücksichtigen versucht (vgl. BMGS, 2004b und 2005d). Allerdings steht die Kostendämpfungspolitik in den vergangenen Jahren zweifelsfrei im Vordergrund.

eine einerseits ethische und andererseits wirtschaftlich motivierte Gesundheitspolitiken zueinander stehen.

1.6. Die Ärzte

Auf dem Arzneimittelmarkt bildet der Arzt die Schnittstelle zwischen Hersteller und Patient. Er ist berechtigt, dem Patienten ein verschreibungspflichtiges Arzneimittel zu verordnen und trägt somit auch die Entscheidung für oder gegen ein Arzneimittel.

Das bisherige Arzt-Bild geht von einem Arzt aus, der sich ausschließlich von ethischen Gesichtspunkten leiten, und dem Patienten die beste und geeignetste Versorgung zukommen lässt.[25] Da die Entscheidung des Arztes aber Einfluss auf die gesundheitliche oder wirtschaftliche Situation der übrigen Marktteilnehmer hat, versuchen diese mitunter die Entscheidung des Arztes zu beeinflussen. So wollen Krankenkassen und Staat, dass der Arzt das jeweils relativ kostengünstigste Arzneimittel verordnet, der Patient dagegen will, dass der Arzt ihm ein besonders gutes Arzneimittel verordnet und der Hersteller möchte erreichen, dass der Arzt ein Arzneimittel aus seinem Hause verordnet. So gewinnt auch eine zunehmende staatliche Regulierung Einfluss auf die Entscheidung des Arztes, weshalb auch er bisweilen in dem oben beschriebenen Spannungsfeld zwischen Ethik und Wirtschaftlichkeit agiert.[26]

Wie sich die Beziehung zwischen Arzt und Patient im Zuge des sich wandelnden Patientenbildes verändert, wird an späterer Stelle erläutert.

1.7. Die Apotheker

Die Aufgabe des Apothekers besteht in der Sicherstellung einer ordnungsgemäßen Arzneimittelversorgung der Bevölkerung.[27] Während er traditionell auch für die Zubereitung von Arzneirezepturen zuständig war, beschränkt sich seine Aufgabe heute weitgehend auf die Abgabe von Fertigarzneimitteln an Patienten. Hierbei übernimmt er oftmals zusätzlich eine Informationsfunktion, indem er

---

25 Vgl. Teil B § 1 f. der (Muster-) Berufsordnung für die deutschen Ärztinnen und Ärzte (MBO-Ä 1997) in der Fassung der Beschlüsse des 100. Deutschen Ärztetages 1997 in Eisenach zuletzt geändert durch die Beschlüsse des 107. Deutschen Ärztetages 2004 in Bremen, (http://www.bundesaerztekammer.de/30/Berufsordnung/Mbopdf.pdf), zuletzt besucht am: 26.05.2006

26 Ein Beispiel ist die Bonus-Malus-Regelung, die vorsieht, dass Ärzten das Honorar gekürzt wird, wenn sie für bestimmte Krankheiten festgelegte Tagestherapiekosten deutlich überschreiten. Falls sie besonders preisgünstige Arzneien verschreiben, können sie hingegen einen Bonus erhalten. Vgl. § 84 SGB V

27 § 1 ApoG

Patienten über Anwendung, Risiken oder Nebenwirkungen eines Arzneimittels aufklärt. Zudem ist der Apotheker seit Februar 2002 durch die so genannte Aut-idem-Regelung[28] verpflichtet, vor der Abgabe eines Arzneimittels auf Rezept zu überprüfen, ob ein wirkstoffgleiches, aber preiswerteres Präparat (Nachahmerpräparat) abgegeben werden kann. Diese Verpflichtung entfällt nur, wenn der Arzt die Abgabe eines anderen Präparates auf dem Rezept ausdrücklich ausgeschlossen hat. Der Apotheker berät den Patienten regelmäßig auch beim Kauf eines OTC-Arzneimittels, wenn sich der Patient nicht schon selbst informiert und für ein Mittel entschieden hat.[29]

In Zukunft könnte jedoch die Beratungsleistung der Apotheke eine Aufwertung erfahren. Patienten, die sich zunehmend interessierter an ihrer Gesundheit zeigen, werden gerade auch bei Apothekern immer häufiger detaillierte Arzneimittelinformationen erfragen. Auf der anderen Seite ist seit dem 1. Januar 2004 auch der Versandhandel mit Arzneimitteln über Internetapotheken zulässig.[30] Hierbei ist ein Apotheker, der ein Arzneimittel versendet, verpflichtet, telefonisch zur Beratung zur Verfügung zu stehen. Wie sich jedoch die Beziehung zwischen Patient und Versand-Apotheker in der Realität gestalten wird, ist momentan nicht abzusehen.[31]

1.8. Die Krankenkassen

Die Träger des Krankenversicherungssystems sind die Krankenkassen. Hierbei unterscheidet man die gesetzliche Krankenversicherung (GKV) und die private Krankenversicherung (PKV). Die GKV ist, als Herzstück des staatlichen Gesundheitswesens, eine Pflichtversicherung für alle Arbeitnehmer, Studenten und Bezieher von Erwerbsersatzeinkünften, wie Arbeitslosengeld oder Rente. Diese Mitglieder der GKV bilden zusammen mit ihren (regelmäßig kostenlos mitversicherten) Familienangehörigen die Versicherten der GKV.[32] Ausgenommen von der Versicherungspflicht sind Beamte, Selbständige und darüber hinaus Arbeitnehmer, die ein Einkommen oberhalb der Versicherungspflichtgrenze bezie-

---

28 Siehe Fn. 16

29 Zu den Informationsquellen der Patienten siehe Kap. 4.1.

30 § 43 Abs. 1 AMG i.V.m. § 11a ApoG

31 In diesem Zusammenhang ist auch die „Verordnung betreffend die Information in elektronischen Medien über Arzneimittel in Verbindung mit dem Versandhandel mit Arzneimitteln" (AMWebV) zu beachten, die das BMG als Teil des „Entwurfes einer Verordnung über den Versand und die Zustellung von Arzneimitteln sowie die elektronische Information zu Arzneimitteln" (AMVersV) am 17.10.2004 vorgelegt hat. Vgl. hierzu und zu weiteren Fragestellungen der Informationspflichten im Arzneimittel-Versandhandel: *Mand* (2006), S. 846 f.

32 Vgl. §§ 5 – 8 SGB V

hen.[33] Diese können sich in der PKV versichern oder freiwillig der GKV beitreten.

Im September 2005 zählte die GKV in Deutschland 70,56 Mio. Versicherte (Mitglieder und mitversicherte Familienangehörige); dies entsprach etwa 85,54% der deutschen Gesamtbevölkerung.[34] Aus der GKV haben die Versicherten unter anderem auch einen Anspruch auf die Versorgung mit Arzneimitteln.[35] Diese stellt die GKV unter Beachtung des medizinischen Fortschritts und des Wirtschaftlichkeitsgebots zur Verfügung, soweit diese in Qualität und Wirksamkeit dem allgemein anerkannten Stand der medizinischen Erkenntnisse entsprechen.[36]

Da die Finanzlage der Kassen mit der Morbidität ihrer Versicherten, deren Konsum von Gesundheitsleistungen, wie Arzneimitteln und der Anzahl ihrer Beitragszahler steht und fällt, nehmen die Krankenversicherungen vielfältigen Einfluss auf das Marktgeschehen. Einerseits versuchen sie auf den Staat Einfluss zu nehmen, damit dieser durch Gesetze den Markt weiter reguliert.[37] Andererseits versuchen sie den Arzt zu beeinflussen, damit dieser wirtschaftlich (aus Sicht der Kassen) verordnet. Zudem wollen sie die Versicherten zu gesundheitsbewusstem Verhalten anregen.[38]

---

33 Die Versicherungspflichtgrenze lag 2005 bei 3900 Euro Einkommen pro Monat; vgl. BMGS (2005a), Blatt 2

34 Quelle: BMGS, Ergebnisse der GKV-Statistiken KM1, Stand. 28. September 2005; BMGS (2005c); eigene Berechnung.

35 § 31 SGB V

36 § 2 i.V.m. § 12 SGB V

37 Z.B. durch die Anhebung der Versicherungspflichtgrenze oder durch die Anordnung von Zwangsrabatten der Hersteller

38 Z.B. das „Barmer Bonusprogramm“ (http://www.barmer.de/barmer/web/Portale/Versichertenportal/Leistungen_20und_20Beitr_C3_A4ge/Bonusprogramm/BonusprogrammCID__31232.html), zuletzt besucht am: 26.05.2006

2. Arzneimittel in der Gesundheitsversorgung

2.1. Die Entwicklung der Arzneimittelausgaben in Deutschland

Im Jahre 2003 gaben die Deutschen 239,7 Mrd. Euro für ihre Gesundheit aus. In den vergangenen zehn Jahren sind diese Ausgaben um 42,5% gestiegen – 1993 beliefen sich die nominalen Gesundheitsausgaben in Deutschland noch auf 168,1 Mrd. Euro (Abb. 3).[39]

Abb. 3 Entwicklung der nominalen Gesundheitsausgaben in Deutschland (in Mrd. Euro)

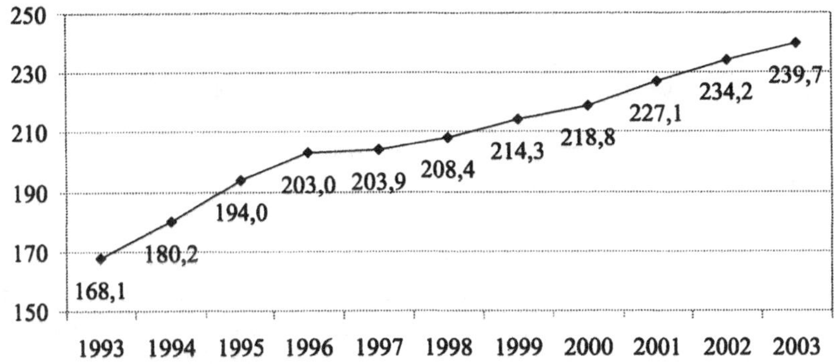

Quelle: Statistisches Bundesamt

Eine ähnliche Entwicklung haben auch die Pro-Kopf Gesundheitsausgaben durchlaufen. Lagen sie 1993 im Durchschnitt noch bei 2070 Euro je Einwohner, so stiegen sie bis 2003 auf 2900 Euro je Einwohner.[40]

Von den gesamten Gesundheitsausgaben entfielen in 2003 etwa 37,5 Mrd. Euro oder 15,6% auf Arzneimittel. Auch die Arzneimittelausgaben erhöhten sich zwischen 1992 und 2003 (mit Ausnahme des Jahres 1993) kontinuierlich (Abb. 4). Zwischen 1992 und 2003 sind die Ausgaben für Arzneimittel in Deutschland insgesamt um 44,9% angestiegen.

Die Gründe für diese Entwicklungen sind vielfältig und sollen im Folgenden kurz aufgezeigt werden.

---

[39] Statistisches Bundesamt, Gesundheit – Ausgaben 1999 – 2000, Wiesbaden 2002; Statistisches Bundesamt, Gesundheitsausgaben nach Leistungsarten 2001 – 2003, www.destatis.de, März 2005; die Zahlen für 2004 waren zum Zeitpunkt der Drucklegung noch nicht publiziert.

[40] BPI (2005a), S.31

Abb. 4 Entwicklung der nominalen Arzneimittelausgaben in Deutschland (in Mrd. Euro)

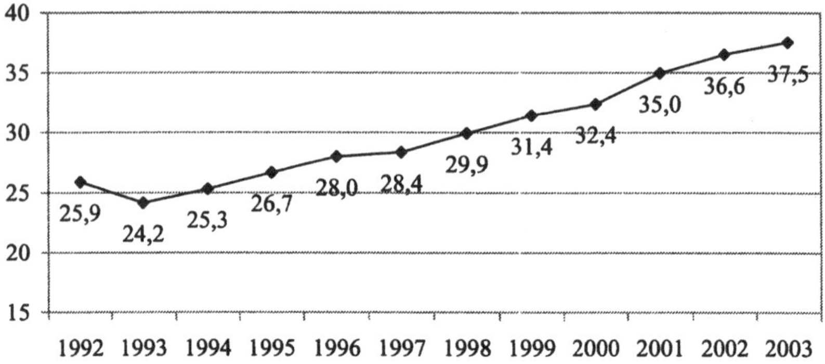

Quelle: Statistisches Bundesamt

2.2. Ursachen der Ausgabensteigerung

Gesundheitsleistungen und damit auch Arzneimittel werden oft als „superiore Güter" angesehen. Mit steigendem Einkommen der Bevölkerung steigt auch die Nachfrage nach vermehrten und qualitativ hochwertigeren Gesundheitsleistungen. Gesundheit gilt in der heutigen Gesellschaft als hohes Gut.[41] Insoweit stellt ein tendenzieller Anstieg der Arzneimittelausgaben folglich keine grundsätzliche Fehlentwicklung dar, er ist vielmehr eine Konsequenz des steigenden Wohlstandes.[42]

Der Sachverständigenrat[43] sieht die Gründe für den Anstieg der Arzneimittelausgaben in dem so genannten „Intermedikamenteneffekt", also der Substitution älterer Arzneimittel durch neue und regelmäßig teurere Präparate.[44] In diesem Zusammenhang wird oft gesagt, dass dieser Wechsel von älteren Arzneimitteln auf neue Arzneimittel negativ zu bewerten sei, da die neuen Präparate oftmals keinen therapeutischen Zusatznutzen hätten (so genannte Analogpräpa-

---

41 *Hohensohn* (1998), S. 42, 92f., 180f. m.w.N.

42 Vgl. BMGS (2003), S.143; *Hohensohn* (1998), S.8 mit weiteren Nachweisen

43 Der ‚Sachverständigenrat zur Begutachtung der Entwicklungen im Gesundheitswesen' wird vom BMGS auf Grundlage des § 142 SGB V berufen.

44 Sachverständigenrat (2005), Tz.774

rate).[45] Der Anteil der Analogpräparate an den neuen Wirkstoffen nimmt jedoch stetig ab.[46] Vielmehr stellen über 70% der neuen Wirkstoffe eine medizinische Innovation oder eine bedeutende therapeutische Verbesserung dar und die Tendenz ist steigend.[47]

Neben diesen Faktoren, welche die Arzneimittelausgaben pro Kopf erhöhen, gibt es auch Entwicklungen, die den gesamten Arzneimittelbedarf in Deutschland ansteigen lassen. So hat sich in den vergangenen Jahrzehnten die Demographie in Deutschland, im Sinne einer Überalterung der Bevölkerung stark gewandelt. Für Menschen über 65 Jahren fallen deutlich höhere Gesundheitsausgaben an als für jüngere Personen.[48]

Zudem krankt die GKV, als wichtigster Träger im Gesundheitssystem, aufgrund der atypischen Trennung der Funktionen „Entscheiden", „Bezahlen" und „Verwenden" des Produkts an einer „chronischen Ineffizienz". Auf der einen Seite können die Leistungsanbieter, wie Ärzte oder Krankenhäuser, die Nachfrage nach ihren Leistungen weitgehend selbst bestimmen, während die Leistungsempfänger kaum einen Überblick über die Kosten und die Qualität der von ihnen empfangenen Leistungen haben. Diejenigen, die diese Leistungen dann zum überwiegenden Teil bezahlen – die Krankenkassen – haben wiederum keinen direkten Einfluss auf Anzahl und Inhalt der anfallenden Leistungen. Ein solches System kann funktionieren und auch gute Gesundheitsleistungen hervorbringen – effizient wird es jedoch kaum sein, da es unwirtschaftliches Verhalten begünstigt.[49]

Ein allgemeines Ansteigen der Preise für Arzneimittelpreise (um dies nur kurz zu beleuchten) ist hingegen nicht zu beobachten. Die Preise für Arzneimittel sind vielmehr seit 1991 real gesunken.[50]

Zusammenfassend bleibt festzuhalten, dass die Ausgabensteigerungen im Gesundheitswesen und damit auch bei den Arzneimitteln einerseits durch den steigenden Wohlstand, den medizinischen Fortschritt und vor allem durch den demographischen Wandel verursacht werden. Diese Entwicklungen werden die Arzneimittelausgaben auch in Zukunft weiter ansteigen lassen. Der Sachver-

---

45 Analogpräparate enthalten als patentfähige Substanzen neue Wirkstoffmoleküle mit im Vergleich zu bereits bekannten Arzneimitteln analogen pharmakologischen und klinischen Wirkungen.

46 Sachverständigenrat (2005), Tz.770 - 775

47 VFA (2005a), S.32

48 Statistisches Bundesamt, Krankheitskosten 2002, Wiesbaden 2004, S.13

49 Vgl. hierzu: *Oberender* (1980), S.500; *Pimpertz* (2005), S.11 – 15; *Prewo* (2004), S.32 – 35; *Zweifel/Breuer* (2002), S.15f.; *Kronberger Kreis* (2002), S. 9 – 17; BMGS (Hrsg. 2003), S. 143

50 VFA (2005a), S.59

ständigenrat zur Begutachtung der Entwicklungen im Gesundheitswesen sieht hier zwar ein gewisses Rationalisierungspotential bei umstrittenen Arzneimitteln[51], bei generikafähigen Wirkstoffen[52] und bei Analogpräparaten. Jedoch scheinen Rationalisierungspotentiale in der Vergangenheit bereits ausgiebig ausgeschöpft worden zu sein, so dass sie zukünftig keine Trendwende beim Anstieg der Arzneimittelausgaben mehr bewirken können.[53] Auf der anderen Seite fördert die Ausgestaltung des Systems der GKV unwirtschaftliches Verhalten und „Mitnahmementalität" bei den Beteiligten, was zu unwirtschaftlichen Ausgaben führt.[54] Ob diese Mängel in Zukunft abgestellt und unnötige Arzneimittelausgaben damit verhindert werden können, bleibt abzuwarten.

Da nun gezeigt wurde, dass die Arzneimittelausgaben in der Vergangenheit gestiegen sind, ist nun die Frage zu stellen, wer diese Leistungen im Einzelnen bezahlen muss.

2.3. Träger der Arzneimittelausgaben

Den größten Anteil an den Arzneimittelausgaben trägt mit etwa 70% die GKV. Auf die privaten Haushalte[55] entfallen 18,4% der Arzneimittelausgaben.[56] Die verbleibenden Ausgabenträger tragen folglich nur einen geringen Anteil der Ausgaben und werden daher in dieser Arbeit nicht näher betrachtet.

Die Finanzlage der GKV befindet sich jedoch seit mehreren Jahren in einer Krise. Die Ausgaben sind, bedingt durch die wachsenden Gesamtgesundheitsausgaben, stetig gestiegen. Die Ausgaben für Arzneimittel erhöhten sich um etwa 50% von 14,2 Mrd. Euro auf 21,8 Mrd. Euro.[57] Im Schnitt entfallen etwa 15% der Ausgaben der GKV auf Arzneimittel.[58] Damit diese Ausgaben weiterhin gedeckt werden können, werden die durchschnittlichen Beitragssätze der GKV nahezu stetig angehoben.[59]

---

51 Wirkstoffe oder Fertigarzneimittel, deren therapeutische Wirksamkeit nicht oder nicht in ausreichendem Maß durch kontrollierte klinische Studien nachgewiesen worden ist.

52 Wirkstoffe deren Patentschutz ausgelaufen ist und die daher von mehreren Anbietern ohne zusätzlichen Forschungsaufwand zu niedrigeren Preise angeboten werden können.

53 Zu den in der Vergangenheit bereits genutzten Einsparpotentialen siehe: *Schwabe/Paffrath* (2005), Tabelle 1.8, S.33; sowie Dr. Leonhard Hansen, Pressestatement zum Arzneiverordnungsreport 2005, Berlin, 14.10.2005

54 *Oberender/Hebborn/Zerth* (2006), S. 53 – 56

55 Einschließlich Organisationen ohne Erwerbscharakter

56 Zahlen für 2002; vgl. Sachverständigenrat (2005), Tabelle 75

57 BMGS (2005a), Blatt 1, 2; eigene Berechnungen

58 1993 lag der Anteil noch bei 13%, zwischen 2001 und 2003 kletterte er auf über 16% und war 2004 wieder rückläufig auf 15,6%. Quelle: BMGS (2005a), Blatt 1

59 1993 lagen sie im Jahresdurchschnitt bei 13,2%, 2004 bei 14,2%, Quelle: BMGS (2005a), Blatt 2

2.4. Kostendämpfungsgesetze und ihre Folgen

Um ein solidarisch finanziertes Gesundheitssystem in Deutschland aufrechterhalten zu können, waren und sind folglich Reformen notwendig. Diese können entweder darin bestehen, die Einnahmen der GKV zu erhöhen oder deren Ausgaben zu senken. In beide Richtungen sind in den vergangenen Jahren viele Schritte unternommen worden. Darüber hinaus zielten viele Maßnahmen darauf ab, das gesamte System der GKV an sich effizienter zu gestalten.

Zur Konsolidierung der Einnahmen der GKV wurde die Finanzierungsbasis ausgedehnt, indem man versuchte, ihr mehr Mitglieder zuzuführen.[60] Dieser Reformansatz wird wohl auch künftig weiter verfolgt werden.[61] Die Problematik der Einnahmenseite der GKV soll jedoch nicht Gegenstand dieser Arbeit sein und wird im Folgenden nicht weiter betrachtet.

Auf der Ausgabenseite wurden Maßnahmen zur Senkung der gesamtwirtschaftlichen Arzneimittelausgaben[62] und Maßnahmen, die nur zur Senkung der GKV-Arzneimittelausgaben dienten, eingesetzt. Letztere zielen regelmäßig darauf ab, die Arzneimittelausgaben der GKV auf andere Ausgabenträger – in der Regel die Patienten – abzuwälzen. Dies geschieht durch eine Erhöhung der Zuzahlungen der Patienten, die bereits 1993 sowie 1997 erhöht wurden[63] sowie durch Ausgliederungen von Arzneimitteln aus den GKV-Leistungskatalogen. Eine umfassende Kostendämpfungsmaßnahme auf diesem Gebiet war das GKV-Modernisierungsgesetz vom 1. Januar 2004 (GMG 2004).[64]

Die Zuzahlungs- und Erstattungsregelungen für Arzneimittel in Deutschland stellen sich demnach gegenwärtig folgendermaßen dar:

- Zu allen Arzneimitteln, die die GKV erstattet, muss der Patient Zuzahlungen leisten. Diese betragen 10% des Arzneimittelpreises, mindestens jedoch 5 Euro und maximal 10 Euro.[65] Anders ausgedrückt: Für Präparate, die bis 50 Euro kosten, muss der Patient 5 Euro zuzahlen, bei Präparaten, deren Preis zwischen 50 und 100 Euro liegt, beträgt die Zuzahlung 10% des Preises, bei Arzneimitteln, die mehr als 100 Euro kosten, muss der Pa-

---

60 Hierzu wurde die Versicherungspflichtgrenze (2005 = 3900 Euro) erstmals über die Beitragsbemessungsgrenze (2005 = 3525 Euro) angehoben (vgl. BMGS (2005a), Blatt 2)

61 Die meisten Modelle wollen z.B. auch andere Einkommensarten neben dem Arbeitslohn zur Beitragsbemessung heranziehen.

62 Etwa durch die Bonus-Malus-Regelung (gem. § 84 SGB V), Aut-idem-Regelung (siehe Fn. 16) und Zwangsrabatte (pharmazeutischen Unternehmen müssen seit 2003 den Krankenkassen einen Rabatt von 6% (2004 = 16%) des Herstellerabgabepreises gewähren, gem. § 130a SGB V).

63 Gesundheitsstrukturgesetz (1993), 2. GKV-Neuordnungsgesetz (1997)

64 Vom 14.11.2003 (BGBl I S. 2190 – 2258)

65 § 61 SGB V

tient pauschal 10 Euro als Zuzahlung leisten. Im Rahmen des AVWG wurde allerdings eines Regelung eingeführt, nach der die Krankenkassen Arzneimittel bestimmen können, bei deren Erwerb keine Zuzahlungen zu leisten sind, wenn ihr Preis mindestens 30 % unterhalb des Festbetrags liegt.[66] Langfristig könnte diese Regelung jedoch zu neuen Wettbewerbsverzerrungen auf dem Markt für Generika führen, da nicht viele Hersteller in der Lage sein werden, die drastischen Preissenkungen zu gewähren.[67]

- OTC-Arzneimittel sind vollständig aus dem Leistungskatalog der GKV ausgegliedert. Dies gilt ausnahmsweise nicht, wenn ein rezeptfreies Medikament bei der Behandlung einer schwerwiegenden Krankheit als Therapiestandard gilt.[68]
- Bagatellmedikamente, also Arzneimittel zur Behandlung von Erkältungen, oder Reisekrankheiten u.ä., sind ebenfalls von der Erstattung ausgeschlossen.[69]
- Auch Arzneimittel, die im Prinzip vorwiegend der Verbesserung der Qualität der privaten Lebensführung dienen, wie zum Beispiel Mittel zur Behandlung erektiler Dysfunktion oder Präparate zur Regulierung des Körpergewichts, werden von der GKV nicht erstattet.[70]
- Zudem wurde mit dem GMG 2004 die Festbetragsregel für Arzneimittel[71], wonach die Krankenkassen für bestimmte Arzneimittelgruppen lediglich einen Festbetrag erstatten, noch erweitert.[72] Die Differenz zwischen dem Festbetrag und einem etwa darüber liegenden Arzneimittelpreis muss der Patient selbst zahlen.

Die gegenwärtig aktuellste Kostendämpfungsmaßnahme ist der Entwurf eines Gesetzes zur Verbesserung der Wirtschaftlichkeit in der Arzneimittelversorgung

66 Vgl. § 31 Abs. 3 SGB V i.d.F des AVWG, sowie http://www.die-gesundheitsreform.de/glossar/zuzahlungen.html, zuletzt besucht am: 26.05.2006

67 Vgl. „Die Strategie hinter der Billig-Medizin“, Berliner Zeitung vom 15.06.2006

68 Vgl. § 34 Abs. 1 SGB V (für Details vgl. http://www.die-gesundheitsreform.de/themen_az/tabellen/ausnahmeliste_otc_praeparate/index.html?param=st), zuletzt besucht am: 26.05.2006

69 § 34 Abs. 1 Satz 6 SGB V

70 § 34 Abs. 2 SGB V

71 Durch Festbeträge, gem. § 35 SGB V werden gleichwertige Arzneimittel zu Gruppen zusammengefasst. Ausgenommen sind nur Arzneimittel, die einen Fortschritt bei der medikamentösen Behandlung bringen. Für diese Festbetrags-Gruppen erstatten die Kassen dann nur einen zuvor vom GemBA festgelegten Festbetrag. (vgl. BMGS (2004a), S. 17)

72 Zuvor fielen patentgeschützte Arzneimittel nicht unter die Festbetragsregelung, (http://www.die-gesundheitsreform.de/glossar/festbetraege.html), zuletzt besucht am: 26.05.2006

(AVWG).[73] Dieses von der Großen Koalition beschlossene Gesetz trat am 1. Mai 2006 in Kraft. Es beinhaltet unter anderem eine weitere Absenkung der Arzneimittel-Festbeträge, was – ausgehend von konstanten Arzneimittelpreisen – wieder eine Erhöhung der Zuzahlungen für die Patienten bedeutet.[74] Daneben sieht der Gesetzesentwurf vor, die Herstellerabgabepreise für alle Arzneimittel für die Dauer von zwei Jahren einzufrieren, um Preissteigerungen auszuschließen. Eine Bonus-Malus-Regelung sieht vor, dass Ärzten das Honorar gekürzt wird, wenn sie für bestimmte Krankheiten festgelegte Tagestherapiekosten deutlich überschreiten. Falls sie besonders preisgünstige Arzneien verschreiben, können sie einen Bonus erhalten.[75]

Weitere Zuzahlungsregelungen, wie z.B. die Praxisgebühr, sollen an dieser Stelle nicht in die Betrachtung mit einfließen, da sie nicht unmittelbar an den Erwerb eines Arzneimittels geknüpft sind.

Zusammenfassend bleibt festzuhalten, dass nunmehr bei allen Leistungen der GKV an Versicherte über 18 Jahren Zuzahlungen erhoben werden. Derartige Kostendämpfungsmaßnahmen der GKV resultieren regelmäßig in einer Steigerung der Arzneimittelausgaben der privaten Haushalte.[76] Die Anteile dieser beiden Ausgabenträger an den Gesamtausgaben verhalten sich also weitgehend reziprok (Abb. 5).[77]

---

73 Vgl. BT-Drucks. 16/194 vom 13.12.2005, sowie Beschlussempfehlung und Bericht des Ausschusses für Gesundheit, BT-Drucks. 16/691 vom 15.02.2006

74 Siehe hierzu: *Stern.de*: Kostenlawine rollt auf Patienten zu, Artikel vom 12. Januar 2006, (http://www.stern.de/wirtschaft/finanzen-versicherung/versicherung/553074.html?nv=cb); zuletzt besucht am: 26.05.2006

75 Vgl. Pressemitteilung der Bundesregierung „Arzneimittelsparpaket stabilisiert Beitragssätze“ vom 17.02.2006; (http://www.bundesregierung.de/Politikthemen/Arbeit-und-Soziales/Nachrichten-,12858.933310/artikel/Arzneimittelsparpaket stabilis.htm), zuletzt besuch am: 26.05.2006; vgl. hierzu auch: BMGS: Gesundheit und Preisbewusstsein passen zusammen – Warum das AVWG notwendig ist und was es bringt; (http://www.die-gesundheitsreform.de/presse/pressethemen/avwg/pdf/hinter gruende_avwg.pdf), zuletzt besucht am: 26.05.2006

76 Insbesondere durch die Kostendämpfungsmaßnahmen der Gesundheitsreform vom 1. Januar 2004 ist ein erheblicher Anstieg der Arzneimittelausgaben der Privaten Haushalte zu erwarten. Zahlen des Statistischen Bundesamtes waren zum Zeitpunkt der Drucklegung noch nicht publiziert.

77 Sachverständigenrat (2005), S. 291

Abb. 5 Anteile an den Arzneimittelausgaben nach Ausgabenträgern (in Prozent)

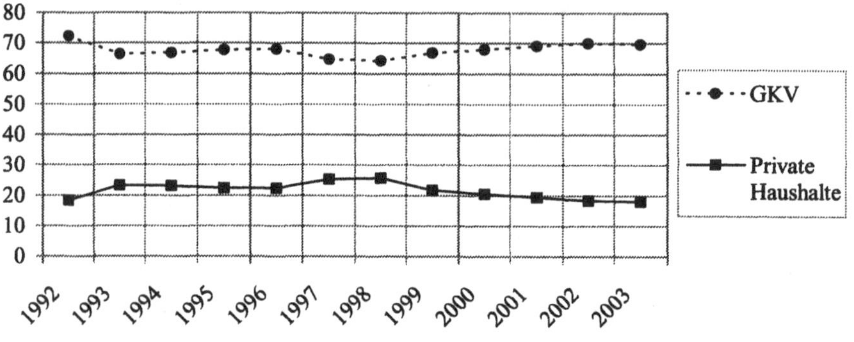

Quelle: Statistisches Bundesamt, Gesundheitsausgabenrechnung[78]

Es besteht zwar eine Obergrenze für Arzneimittelzuzahlungen in Form einer Belastungsgrenze, jedoch bezieht sich diese nur auf die Gesamtsumme der Zuzahlungen. Ausgaben für Arzneimittel, die aus dem Leistungskatalog der GKV ausgegliedert sind, fließen in die Errechnung der Belastungsgrenze nicht mit ein.[79] So sind z.B. Sozialhilfeempfänger, wenn sie Arzneimittel aus dem Leistungskatalog der GKV beziehen, nicht so stark von diesem Ausgabenanstieg betroffen.[80] Auch bei privat Versicherten Patienten kann sich die Kostentragung anders darstellen. Die überwiegende Mehrheit der Bevölkerung ist jedoch direkt von dieser Kostenüberwälzung betroffen.

Auch zukünftige Reformansätze sehen weitere Beschränkungen des Leistungskataloges der GKV vor.[81] Wenn das GKV-System – in Konsequenz einer Entwicklung von einem eher wohlfahrtsstaatlichen System zu einem sozialstaatlich geprägten System[82] – nur noch medizinisch notwendige Grundleistungen finanziert, gleichzeitig die Gesundheitsausgaben weiter zunehmen, werden die

---

[78] Gesundheitsausgaben in Deutschland in Mio. €; Ad-hoc-Tabelle; www.gbe-bund.de, zuletzt besucht am: 26.05.2006

[79] Die Belastungsgrenze beträgt grundsätzlich 2% des Bruttojahreseinkommens, vgl. § 62 SGB V

[80] Für Sozialhilfeempfänger gilt eine geringere Belastungsgrenze, gem. § 62 Abs. 2 SGB V

[81] Einen reduzierten Leistungskatalog bzw. die Beschränkung auf einen Grundleistungskatalog sehen folgende Reformmodelle vor: BMGS – *Rürup et al.* (2003); *Henke et al.* (2002); *Knappe/Arnold* (2002); Kommission ‚Soziale Sicherheit' – Herzog-Kommission (2003); *Rürup/Wille* (2004); BDA (2004); *Zweifel/Breuer* (2002); FDP (2004); Sachverständigenrat-Wirtschaft (2004)

[82] Vgl. hierzu: *Prewo* (2004), S. 32 ff.

Patienten auch zukünftig einen zunehmend größeren Anteil an den Gesundheitsausgaben und damit auch an den Arzneimittelkosten eigenverantwortlich tragen müssen.[83]

2.5. Private Arzneimittelausgaben im europäischen Vergleich

Da die Arbeit die Situation von Publikumswerbung in der gesamten Europäischen Union betrachtet, soll nachfolgend kurz die Entwicklung der Arzneimittelausgaben in den anderen Europäischen Staaten kurz dargestellt werden.

Alle Mitgliedstaaten der Europäischen Union haben ein System der sozialen Sicherung, zu dem auch ein Krankenversicherungssystem gehört. Innerhalb dieser Systeme bestehen jedoch erhebliche Unterschiede. Manche Länder haben eine gesetzliche Krankenversicherung, während andere einen staatlichen Gesundheitsdienst anbieten. Einige Länder finanzieren ihr Versicherungssystem über Steueraufkommen (Beveridgean Systems[84]), während andere Länder Beiträge von den Versicherten und deren Arbeitgebern erheben (Bismarckian Systems[85]). Ein weiterer Unterschied besteht darin, ob bzw. in welchem Umfang die Bürger private Zusatzversicherungen oder sogar private Vollversicherungen abschließen können.[86] Auf eine detaillierte Darstellung der europäischen Gesundheitssysteme kann jedoch im Hinblick auf das Thema dieser Arbeit verzichtet werden.

„*Auch wenn Europäer im Schnitt heute gesünder sind und länger leben als je zuvor, ist offensichtlich: Gesundheit ist teurer geworden. Neue Technologien und Arzneimittel, Umweltprobleme und Wohlstandskrankheiten fordern ihren Tribut. Aber auch Arbeitslosigkeit und die Alterspyramide wachsen weiter an, während junge Beitragszahler zunehmend weniger werden.*“[87] Die anderen Mitgliedstaaten der Europäischen Union sehen sich also ähnlichen Entwicklun-

---

83 Vgl. auch: *Hohensohn* (1998), S. 6

84 Typische Vertreter sind neben dem Vereinigten Königreich noch Schweden oder Finnland; vgl. http://www.euro.who.int/observatory/Glossary/TopPage?phrase=Beveridge+system; zuletzt besucht am: 26.05.2006

85 Typische Vertreter sind neben Deutschland noch Österreich, Frankreich oder Belgien; vgl. http://www.euro.who.int/observatory/Glossary/TopPage?phrase=Bismarckian%20system; zuletzt besucht am: 26.05.2006

86 Eine detaillierte Übersicht findet sich in: BMGS (2003), *Sozial-Kompass EUROPA – Soziale Sicherheit in Europa im Vergleich*, Bonn, S. 38 – 51; sowie unter: www.ess-europe.de

87 Vgl. BMGS (http://www.die-gesundheitsreform.de/solidarisch_versichern/wir_und_die_anderen/laendervergleich/index.html), zuletzt besucht am 26.05.2006

gen und Fehlentwicklungen gegenüber wie Deutschland.[88] Auch dort steigen die Gesundheitsausgaben und damit die Ausgaben für Arzneimittel stetig an.[89] Zwar differieren die Pro-Kopf Arzneimittelausgaben zwischen den einzelnen Ländern stark – in Irland werden pro Kopf jährlich 261 US-Dollar für Arzneimittel ausgegeben, während es in Frankreich z.B. 606 US-Doller sind.[90] Ebenso unterscheiden sich aber auch die Wachstumsraten der Arzneimittelausgaben, die in Irland im Schnitt 12,8% p.a. betragen, während es in Frankreich lediglich 5,8% und in Italien sogar nur 3,2% p.a. sind.[91] Ein gemeinsamer Trend zum stetigen Wachstum der Arzneimittelausgaben ist jedoch in der gesamten EU zu verzeichnen.

Somit stellt sich in der gesamten EU die Frage, wie die Verteilung der Arzneimittelausgaben organisiert werden soll. Während in Dänemark, Finnland und Italien nur etwa 50% der Arzneimittelausgaben auf öffentliche Träger entfallen, werden in Irland, Luxemburg und der Slowakei über 80% der Arzneimittelausgaben solidarisch finanziert.[92] Das bedeutet im Umkehrschluss, dass in allen europäischen Ländern auch die Patienten einen gewissen Teil der Arzneimittelausgaben aus eigener Tasche zahlen müssen. Gesteuert wird dies durch unterschiedliche Prozesse der Arzneimittelerstattung in Europa. In allen europäischen Ländern werden Zuzahlungen zu den Arzneimittelausgaben erhoben. Nicht-verschreibungspflichtige Arzneimittel sind in 14 der 25 EU-Mitgliedstaaten grundsätzlich von der Erstattung ausgeschlossen und werden nur in Ausnahmefällen erstattet, also z.B. dann, wenn sie von einem Arzt verschrieben werden oder wenn eine besondere Bedürftigkeit vorliegt.[93] In den verbleibenden Ländern wird die Erstattung von nicht-verschreibungspflichtigen Arzneimitteln mittels Positivlisten, Negativlisten[94] oder der Einteilung in unterschiedliche Erstattungskategorien regelmäßig stark eingeschränkt.[95]

---

[88] Zur Demographie in Europa vgl. auch: Kommission der Europäischen Gemeinschaften, KOM (2005) 94 endg., Grünbuch „Angesichts des demographischen Wandels – eine neue Solidarität zwischen den Generationen", S. 3, 20ff.

[89] Vgl. hierzu die Daten der WHO, (www.who.org)

[90] In kaufkraftbereinigten US-Dollar, Daten für 2003, bzw. 2002 (Irland), vgl. OECD Health Data 2005

[91] Daten für 1998 bis 2003, bzw.1998 bis 2002 (Irland), vgl. OECD Health Data 2005

[92] Daten für 2002, Quelle: WHO

[93] So in Belgien, Dänemark, Deutschland, Estland, Finnland, Frankreich, Großbritannien, Italien, Lettland, Niederlande, Polen, Portugal, Spanien, Ungarn. Quelle: BPI (2005b)

[94] Kataloge, die entweder die erstattungsfähigen oder eben die nicht-erstattungsfähigen Arzneimittel auflisten.

[95] Griechenland, Irland, Litauen, Luxemburg, Malta, Österreich, Schweden, Slowenien, Tschechische Republik, Zypern. Quelle: BPI (2005b)

Generell bleibt festzuhalten, dass die Patienten in allen europäischen Gesundheitssystemen an den Arzneimittelausgaben beteiligt werden. In vielen Ländern findet zudem – ähnlich wie in Deutschland – eine Verschiebung der Kosten hin zur Patientenseite statt. Aber auch ohne Berücksichtigung dieser Überwälzung steigen die nominalen Arzneimittelausgaben der privaten Haushalte stetig, da der Gesamtverbrauch an Arzneimitteln einem ständigen Anstieg unterliegt.

3. Patienten benötigen mehr Informationen

3.1. Überblick

Im folgenden Kapitel soll nun dargelegt werden, welche Gründe dafür sprechen, das Verbot der Publikumswerbung an entscheidenden Stellen zu lockern. Die Kostenbeteiligung, die in dieser Arbeit aufgrund ihrer wirtschaftlichen Bedeutsamkeit als Ausgangspunkt gewählt wurde, stellt hierbei einen wesentlichen Grund für eine Lockerung dar. Zudem hat sich aber auch das Selbstverständnis und daraus resultierend haben sich auch die Informationsansprüche der Patienten gewandelt. Auf dieses gewandelte Patientenbild soll im Folgenden ebenfalls eingegangen werden.

3.2. Patienten tragen mehr Kosten

Wie dargelegt, müssen die Patienten einen immer größeren Anteil an Arzneimitteln überhaupt selbst finanzieren bzw. Zuzahlungen zu den Arzneimittelkosten leisten.

Dieser Umstand ist nicht folgenlos. Dadurch, dass Patienten zunehmend selber die Arzneimittelkosten tragen müssen, wird die Entscheidung für ein bestimmtes Arzneimittel mehr und mehr zu einer Kaufentscheidung. Aus Patienten, die früher prinzipiell nur gesundheitlich von einer Arzneimittelentscheidung betroffen waren, werden zusätzlich auch wirtschaftlich betroffene „Käufer", die die Auswirkungen einer Entscheidung für das eine oder andere Arzneimittel finanziell spüren. Dem einzelnen Patienten soll durch die Beteiligung in zunehmendem Maße wieder Eigenverantwortung für seine Gesundheit und soziale Absicherung zugewiesen werden. Seit mehreren Jahren besteht die generelle Tendenz in der staatlichen Politik, die Selbstverantwortung als zusätzliche Komponente neben dem Solidarprinzip zur Geltung kommen zu lassen.[96]

Patienten als Arzneimittelkäufer müssten sich folglich im eigenen finanziellen Interesse für das Preis-Leistungs-Verhältnis der Arzneimittel interessieren. Die Beurteilung der Berechtigung von Preisen, insbesondere auch im Vergleich, ist aber nur möglich, wenn Informationen über die wertbildenden Merkmale der zu beschaffenden Arzneimittel, wie Wirksamkeit, Verträglichkeit, Anwenderfreundlichkeit usw. verfügbar sind. Aus Sicht der Patienten ergibt sich deshalb tendenziell zunehmend die Notwendigkeit, die Entscheidung über die Beschaffung eines Arzneimittels, an deren Kosten sie beteiligt werden, rational zu fundieren. Dies ist nicht deshalb anders, weil es sich gegebenenfalls um ein verschreibungspflichtiges Arzneimittel handelt.

---

[96] Vgl. *Hohensohn* (1998), S. 7

Besonders deutlich wird diese Situation bei den so genannten Life-Style Arzneimitteln. Diese dienen vorwiegend der Verbesserung der privaten Lebensqualität und müssen in voller Höhe vom einzelnen Patienten getragen werden. Hier besteht für den Patienten keine zwingende Notwendigkeit einer Arzneimitteltherapie. Soweit der Arzt einverstanden ist, kann der Patient aus freien Stücken entscheiden, ob er ein Arzneimittel anwenden möchte oder nicht. Ein Patient entscheidet in einem solchen Fall jedoch nicht allein nach dem Preis eines Arzneimittels, sondern nach dem Preis-Leistungs-Verhältnis des Präparates, so wie es sich für ihn darstellt. Er muss also den Nutzen, den das Präparat für ihn haben kann, in ein Verhältnis zu dem Preis des Mittels setzen und dieses gegen die ihm zur Verfügung stehenden Alternativen abwägen. Eine rationale Entscheidung kann der Patient folglich erst dann fällen, wenn er sich davon überzeugen konnte, dass zwei oder mehr verfügbare Präparate in ihrem Nutzen vergleichbar sind und es folglich auf etwa vorhandene Qualitätsunterschiede ankommt.

Nicht zuletzt also auch aufgrund eines sich vom Patienten zum Käufer wandelnden Verbraucherbildes erscheint es gerechtfertigt und auch notwendig, dem betroffenen Patienten einen besseren Zugang zu Informationen über verschreibungspflichtige Arzneimittel zu ermöglichen. Insofern nähern sich der Markt für OTC-Arzneimittel einerseits und der Markt für verschreibungspflichtige Arzneimittel andererseits aufgrund der sich verändernden Kostensituation im Markt für rezeptpflichtige Humanarzneimittel immer mehr an. Es ist kaum einzusehen, warum es den Patienten gerade bei verschreibungspflichtigen Arzneimitteln verwehrt bleiben soll, auf benötigte und gewünschte Informationen zuzugreifen.

Plausibel wird dies z.B. insbesondere, wenn zur Behandlung des Patienten zwei oder mehr unterschiedliche verschreibungspflichtige Arzneimittel zur Verfügung stehen, die jedoch unterschiedlich hohe Zuzahlungen des Patienten erfordern. Besonders drastisch kann ein Preisunterschied hier zwischen Original- und Nachahmerpräparaten ausfallen. Wenn beide Präparate zur Therapie des Patienten grundsätzlich geeignet erscheinen, muss der Patient nun entscheiden, welches Arzneimittel er bezahlen möchte. Eine solche Entscheidung ist besonders gravierend, wenn der Patient an einer chronischen Krankheit leidet und er die Zuzahlungen zu dem Arzneimittel längerfristig leisten muss.[97] Mit steigender Höhe der Zuzahlungen bzw. der Zahlung des Differenzbetrages zwischen einem Festpreis und dem jeweiligen Produktpreis wird dem Patienten diese Entscheidung schwerer fallen. Nun fließen neben den ursprünglichen gesundheitli-

[97] Auch wenn bei chronischen Krankheiten eine geringere Belastungsgrenze im Hinblick auf Zuzahlungen gilt, vgl. § 62 SGB V

chen Überlegungen („Will ich ein Arzneimittel überhaupt einsetzen?" „Vertraue ich der Entscheidung meines Arztes?") nun auch zunehmend wirtschaftliche Überlegungen („Wie viel Geld möchte/kann ich für das Arzneimittel ausgeben?") mit in die Entscheidung ein. Der Patient willigt nicht nur in die Therapie ein, er entscheidet auch ganz bewusst bei der Auswahl des Arzneimittels mit. Der Patient gewinnt so zumindest einen Teil seiner Konsumenten-Souveränität auch mit Bezug auf verschreibungspflichtige Arzneimittel zurück.

Viele Patienten geraten also in die Situation mit über den Einsatz eines Arzneimittels entscheiden zu können oder sogar zu müssen. *„Aber nur gut informierte Patientinnen oder Patienten können eigenständig urteilen und entscheiden und ihren Teil der Verantwortung für ihre Gesundheit übernehmen."*[98] Um zwischen den Vor- und Nachteilen zweier oder mehrerer Produkte aus eigener Kenntnis abzuwägen, benötigt der Patient folglich Informationen über diese Produkte. Nur wer zuvor Informationen eingeholt und ausgewertet hat, kann sachgerechte Entscheidungen fällen.[99]

So kann dem Patient nicht die Möglichkeit verwehrt werden, sich auch über Anwendungsgebiete, Wirksamkeiten, Risiken, Nebenwirkungen, Wechselwirkungen und Preise der zur Verfügung stehenden Arzneimittel zu informieren. Er muss z.B. in Erfahrung bringen können, wie wirksam ein Präparat ist und wie erfolgreich es bisher angewendet wurde. Kurz gesagt: er benötigt ausführliche Informationen über die Arzneimittel und er benötigt diese Informationen in für ihn verständlicher Form und aus zuverlässigen Quellen.

Dass ein zunehmendes „Käufer-Verhalten" der Patienten zudem noch weitere positive Markt-Effekte zeitigen kann, wird später noch näher beleuchtet.[100]

3.3. Das Patientenbild im Wandel

In der Vergangenheit hat sich auch das Bild des Patienten verändert. Und zwar nicht nur im eben beschriebenen wirtschaftlichen Sinne. Über wirtschaftliche Interessen an Arzneimittelpreisen und -qualitäten hinaus leben Patienten heute gesundheitsbewusster als noch vor Jahrzehnten und sie fühlen sich zunehmend selbst in einer aktiven Rolle für die Erhaltung bzw. und Wiederherstellung ihrer Gesundheit. Die staatliche Politik und die Politik der Kassen fördern diesen Trend, und zwar aus ethischen Gründen und sicher auch in der Erwartung, dass

---

[98] BMGS (2004a), S. 7

[99] *Hohensohn* (1998), S. 46 m.w.N.

[100] Vgl. Kap. 6.1.2.2

durch die eigene Gesundheitsvorsorge Krankheitskosten eingespart werden können.

Appelliert man an die Mündigkeit und Selbstverantwortung von Bürgern und Patienten, so kann der Bereich der verschreibungspflichtigen Arzneimittel dabei nicht ausgespart bleiben. Bereits 1992 schrieb Gehring: *„Der Patient will heute verstehen, was der Arzt tut, was er verschreibt und weshalb.“*[101] Viele Patienten wollen mehr Informationen über ihre Arzneimittel und zudem in Entscheidungen, die ihre Gesundheit betreffen, eingebunden werden.[102] *„Krankheit ist heute eine Erfahrung, die zum Verstehen der Hintergründe und Perspektiven drängt und die man nicht mehr allein ärztlichem Wissen und medizinischer Kompetenz übereignet.“*[103] Die Ansprüche des Patienten an die Mitbestimmung bei seiner Therapie sind gestiegen. Einer Studie zufolge überlassen nur 25% aller Patienten am liebsten dem Hausarzt allein die Entscheidung über ihre Therapie, 52% wünschen sich eine Diskussion und gemeinsame Entscheidung, 15% möchten schließlich (nach ärztlichen Informationen und Erläuterungen) am liebsten allein über ihre Therapie entscheiden.[104] Eine deutsche Studie aus dem Jahr 1993 zeigte sogar, dass sich 82,8% der befragten Patienten zumindest zeitweilig an den Entscheidungen über ihre Therapie (Behandlungsentscheidung und Produktwahl) beteiligen möchten. 18% hiervon wollen sogar immer an den Entscheidungen beteiligt sein. Lediglich 17,2% befürworten die Entscheidungskompetenz allein beim Arzt.[105]

Immer mehr Patienten möchten also als gleichberechtigte Partner an der eigenen Behandlung teilnehmen und nicht mehr einfach eine Therapie verordnet bekommen, ohne diese zu verstehen.[106] *„Der Patient muss in die Lage versetzt werden, beurteilen zu können, was die konkret vorgesehene Behandlung für ihn persönlich bedeuten kann.“*[107]

Diese Veränderungen schlagen auch auf die Beziehung zwischen Arzt und Patient durch. So hat der Arzt die Pflicht, den Patienten vor einer Behandlung umfassend über die Krankheit, die Behandlungsalternativen und die Vorteile und möglichen Risiken aufzuklären, sowie diagnostische und therapeutische

---

[101] *Gehring* (1992), S. 119

[102] Dies zeigt auch eine empirische Studie über die Beteiligung und die Beteiligungswünsche der Patienten an ärztlichen Behandlungsentscheidungen, vgl. *Hohensohn* (1998), S. 78ff., 125f.

[103] *Streich* (2004), S. 2

[104] *Streich et al.* (2002) S. 39

[105] *Hohensohn* (1998), S. 125 f.

[106] Zur Beziehung zwischen Arzt und Patient siehe u.a. *Bahrs* (2003), *Marstedt* (2003), *Streich et al.* (2002), *Butzlaff et al.* (2003), *Homburg/Dietz* (2006)

[107] BMGS (2005e), S. 12

Maßnahmen mit ihm abzustimmen.[108] Der Patient soll aktiv in den Behandlungsprozess eingebunden werden. Nimmt man den Patienten als mündigen Menschen ernst, so muss ihm auch die Möglichkeit eingeräumt werden, über seinen Behandlungsverlauf selbst (mit) zu entscheiden und die Behandlungsmethoden des Arztes – soweit das einem Laien möglich ist – zu kontrollieren.[109]

Diesem gestiegenen Interesse, sich am therapeutischen Geschehen um die eigene Gesundheit zu beteiligen, hat der Gesetzgeber auch konkret Rechnung getragen. So war es mit ein Hauptanliegen der Gesundheitsreform vom 1. Januar 2004, die Souveränität der Patienten auf dem Gebiet der Gesundheitsversorgung zu steigern.[110] Der Sachverständigenrat für die konzertierte Aktion im Gesundheitswesen vertritt in seinen Jahresgutachten von 2001 und 2003 die Auffassung, dass die Steigerung der Kompetenz der Nutzer durch zielgruppenspezifische und qualitativ-hochwertige Information, Beratung und Aufklärung von unterschiedlichen Akteuren und auf unterschiedlichen Wegen betrieben werden sollte.[111] *„Inhaltlich korrekte und verständliche Informationen zu allen Aspekten des Gesundbleibens, der Bewältigung von Krankheit und des Lebens mit „bedingter Gesundheit" sind notwendige (wenngleich meist nicht hinreichende) Bestandteile einer zeitgemäßen Prävention und Krankenversorgung sowie Voraussetzung für die Umsetzung von Konzepten, die auf „Selbstverantwortung", auf den „Patienten als Koproduzent von Gesundheit" sowie auf „empowerment" abzielen."*[112] Auf diese Weise soll durch eine Stärkung der Patientensouveränität auch die Transparenz und damit auch die Qualität im Gesundheitswesen gesteigert werden.[113]

Auf europäischer Ebene ist dies nicht anders. So erkannte die Europäische Kommission 2003: *„In der Bevölkerung besteht eine nie da gewesene Nachfrage und Nutzung gesundheitsbezogener Informationen. Dies hängt damit zusammen, dass der Einzelne nicht mehr der passive Empfänger medizinischer Behandlung und Beratung ist, sondern sich zu einem aufgeklärteren und engagierteren*

---

[108] Vgl. Teil B, § 8; Teil C Nr. 1 Abs. 3 der (Muster-) Berufsordnung für die deutschen Ärztinnen und Ärzte (MBO Ä 1997) in der Fassung der Beschlüsse des 100. Deutschen Ärztetages 1997 in Eisenach zuletzt geändert durch die Beschlüsse des 107. Deutschen Ärztetages 2004 in Bremen, (http://www.bundesaerztekammer.de/30/Berufsordnung/Mbopdf.pdf), zuletzt besucht am: 26.05.2006

[109] *Lorz* (2005), S. 898

[110] BMGS (2004a), S. 6-11

[111] Sachverständigenrat für die konzertierte Aktion im Gesundheitswesen (2003): Finanzierung, Nutzerorientierung und Qualität – Gutachten 2003, Kurzfassung; Tz. 70

[112] Sachverständigenrat, a.a.O. Tz. 69

[113] BMGS (2003), S. 147

Verbraucher von Gesundheitsleistungen entwickelt hat.“[114] Auch andere Reformansätze fordern eine Ausweitung der Informationsmöglichkeiten für Patienten, damit diese aktiv am Behandlungsprozess teilnehmen können.[115]

Aus welchen Quellen sich die Patienten gegenwärtig über verschreibungspflichtige Arzneimittel informieren können, soll im folgenden Abschnitt dargestellt werden.

[114] Europäische Kommission (2003), S. 8
[115] Vgl. *Henke et al.* (2002), S. 25-26; *Prewo* (2004), S. 45f.

4. Arzneimittelinformation aus Sicht des Patienten

4.1. Die heute zugänglichen Informationsquellen

Die Quellen, aus denen sich Patienten über verschreibungspflichtige Arzneimittel informieren können, lassen sich vereinfacht wie folgt darstellen.

Abb. 6 - Arzneimittelinformationen auf dem Weg zum Patienten

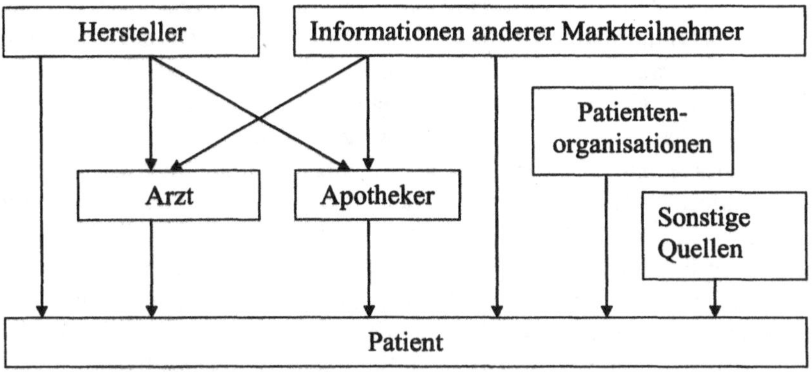

Ärzte und Apotheker sind sowohl in Deutschland als auch in ganz Europa die wichtigsten Informationsquellen für die Patienten.[116] Um diese über bestimmte Arzneimittel zu informieren, greifen Ärzte und Apotheker auf ihr eigenes Fachwissen zurück und auf die Informationen, die sie von den Herstellern und anderen Marktteilnehmern oder aus Fachpublikationen erhalten (haben). Inwiefern die Beratungs- und Informationsleistungen von Ärzten und Apothekern im Internetzeitalter eine Änderung erfahren werden, bleibt abzuwarten.[117]

Weiterhin unterhalten auch die meisten anderen, am Arzneimittelmarkt beteiligten Parteien ihre eigenen Informationsquellen. Sie unterliegen in der Regel keinerlei Informationsbeschränkungen, da ihre Informationen keine Werbung darstellen und somit nicht dem Werberecht unterliegt. Unter den offiziellen Informationsquellen sind einige staatliche Quellen zu nennen, wie in Deutschland etwa das Bundesinstitut für Arzneimittel und Medizinprodukte (BfArM) oder auch das Bundesministerium für Gesundheit (BMG).

---

[116] So werden Ärzte von europäischen Patienten auch als die vertrauenswürdigsten Quellen für Arzneimittelinformationen angesehen; vgl. IAPO (2002), S. 63 f.

[117] Zu den Möglichkeiten einer Internet-Apotheke zur Arzneimittelwerbung siehe: *Ehlers/Walter* (2004)

Auch die Versicherungsträger und die kassenärztlichen Bundesvereinigungen (KBV) publizieren Informationen über Arzneimittel.[118] Das Wissenschaftliche Institut der AOK (WidO) gibt den so genannten „Arzneiverordnungsreport“ heraus. Erklärtes Ziel dieser Publikation ist eine verbesserte Markt- und Kostentransparenz.[119] Ein Gemeinsamer Bundesausschuss (GemBA), zusammengesetzt aus Vertretern der Ärzte, der Krankenhäuser und der Krankenkassen,[120] hat – auf gesetzliche Anordnung – das „Institut für Qualität und Wirtschaftlichkeit im Gesundheitswesen“ (IQWiG) gegründet.[121] Dieses soll Arzneimittel auf deren Nutzen untersuchen und bewerten und unabhängige Arzneimittelinformationen an Patienten herausgeben, aber auch Ärzten und Apothekern eine verlässliche Orientierung sein.[122] Dieses Institut hat seit dem 14. Februar 2006 das Informationsportal (www.gesundheitsinformation.de) gestartet, auf dem alle interessierten Patienten unabhängige und wissenschaftlich überprüfte Informationen über Krankheiten, Therapien oder Diagnoseverfahren abrufen können.[123] Ob sich dieses Portal tatsächlich zu einer wichtigen und häufig genutzten Informationsquelle für Patienten entwickelt und dauerhaft in der Lage ist, aktuelle und umfassende Informationen sowohl zu unterschiedlichen Therapieformen als auch konkret zu einzelnen Arzneimitteln bereitzustellen, bleibt abzuwarten. Ein vergleichbares Informationsportal (health.europa.eu) hat auch die Europäische Kommission vor kurzem ins Leben gerufen. Hierin werden zu 47 verschiedenen Themen verbrauchergerecht aufbereitete Informationen rund um die Gesundheit präsentiert.[124] Eine Übersicht über weitere verschiedene deutsche Informationsquellen bietet das BMG.[125]

Zudem bilden sich immer neue Patientenorganisationen, durch die Patienten ihre Erfahrungen mit verschiedenen Therapieformen austauschen und sich

---

[118] Die Spitzenverbände der Krankenkassen und die KBV betreiben die Internetseite ‚Arzneimittel im Fokus (AmFo)‘ (www.kbv.de/amfo), zuletzt besucht am: 26.05.2006

[119] Vgl. (http://wido.de/arzneiverordungs-rep.html), zuletzt besucht am: 26.05.2006

[120] Vgl. § 91 Abs. 1 SGB V

[121] § 139a SGB V

[122] § 35 b SGB V; hierzu näher: BMGS (2004a), S.15; *Bastian* (2004); *Bastian* (2005); IQWiG (2005), S. 64/95; zur zukünftigen Rolle des IQWiG siehe auch: *Ehlers/Laschner* (2004)

[123] Vgl. hierzu auch die Selbstdarstellung von Gesundheitsinformation.de, http://www.gesundheitsinformation.de/iqwig_ueber_uns.10.de.html, zuletzt besucht am: 26.05.2006

[124] Vgl. die Pressemitteilung der EU-Kommission vom 10.05.2006, http://www.eu-kommission.de/html/presse/pressemeldung.asp?meldung=6315, zuletzt besucht am: 26.05.2006; vgl. hierzu auch Artikel auf Europa-digital.de, http://www.europa-digital.de/aktuell/fdw/gesundheitsportal.shtml, zuletzt besucht am: 26.05.2006

[125] BMGS (2005f); S. 46 – 49 und S. 53 – 59

gegenseitig beraten. Diese Gruppierungen werden oftmals auch mit Informationen von Herstellern oder den Informationen anderer Marktteilnehmer ausgestattet und zusätzlich von diesen gesponsert. Allerdings erstreckt sich das Publikumswerbverbot[126] auch auf die Kommunikation zwischen Hersteller und Patientenorganisation, weshalb auch hier die Informationsvermittlung problematisch sein kann.

Daneben gibt es noch eine ganze Reihe anderer Quellen, die sich keinem der Marktteilnehmer zurechnen lassen. Sie stellen daher die einzigen gänzlich unabhängigen Quellen dar und sollten ihre Arzneimittelinformationen und -bewertungen idealerweise ausschließlich nach ethischen Gesichtspunkten zusammenstellen und zum Ziel haben, den Patienten unabhängig zu informieren. Problematisch hierbei ist allerdings, dass bei vielen Quellen nicht klar ist, woher die Informationen ursprünglich stammen und wie sich die betreffenden Quellen finanzieren.

Als wichtigste Quelle ist hier wohl die Stiftung Warentest zu nennen, die als Stiftung zwar keinen Erwerbszweck verfolgt, jedoch sind die von der Stiftung Warentest zusammengestellten Informationen über Arzneimittel nur gegen Bezahlung erhältlich.[127] Die Stiftung ist zudem eine Institution, die den meisten Patienten bekannt ist und der sie auch Vertrauen entgegenbringen. Des Weiteren gibt es andere private Werke, wie z.B. das Buch „Bittere Pillen"[128] oder eine Arzneimitteldatenbank der Zeitschrift Focus, die in Zusammenarbeit mit dem Institut für Ärzte und Apotheker GmbH (ifap) erstellt wurde.[129]

Zudem existiert eine nicht zu beziffernde Anzahl von Internetquellen. Als Informationsquelle wird das Internet in Zukunft wohl eine der wichtigsten Rollen einnehmen, da seine Verfügbarkeit unter den Patienten stetig steigt.[130] Nach einer Studie der Forschungsgruppe Wahlen informierten sich 2004 bereits 20%

---

126 Hierzu näher Kap. 4.2. ff.

127 Stiftung Warentest (Hrsg. 2004): *Handbuch Medikamente – Vom Arzt verordnet – Für Sie bewertet*, 6. Auflage, 39,- €, Berlin; sowie: (http://www.stiftung-warentest.de/medikamente/), zuletzt besucht am: 26.05.2006

128 *Langbein, Kurt et al.* (2004): Bittere Pillen – Nutzen und Risiken der Arzneimittel, 76. Auflage Köln

129 Siehe: (www.focus.de/arznei), zuletzt besucht am: 26.05.2006. Allerdings fordert das ifap Arzneimittelhersteller explizit auf, zu Werbezwecken Informationen in diese Datenbank einzuspeisen. (vgl. http://www.ifap.de/ifap-amico-pharma.php?navi=90), zuletzt besucht am: 26.05.2006

130 2002 hatten in Deutschland 46% aller Haushalte einen Internetzugang, 2004 waren es bereits 60%. In der gesamten (erweiterten) EU waren es 2004 immerhin 43% der Haushalte. (Quelle: Eurostat)

der Bundesbürger im Internet über OTC-Arzneimittel.[131] Internetquellen sind jedoch in den meisten Fällen weder verifiziert, noch ist ersichtlich, wer sich hinter ihnen verbirgt. Der Anteil an (potentiell gefährlichen) Fehlinformationen ist hier besonders groß. So heißt es in dem gemeinsamen Informationsblatt „Arzneimittel & Internet“[132] des BMG und des Europarates zu Internetseiten mit Arzneimittelinformationen: *„VORSICHT: Die Qualität solcher Internet-Seiten ist ausgesprochen zweifelhaft. Häufig erhalten Sie nur fehlerhafte, einseitige oder falsche Informationen.“*[133] Auch die Verbraucherzentrale NRW warnt ausdrücklich vor Internetforen, in denen Informationen zu verschreibungsfreien Arzneimitteln für die Patienten verfügbar sind, da solche Informationen oftmals falsch seien.[134]

In diesem Rahmen haben Patienten in Europa auch Zugriff auf englischsprachige Internetseiten der Hersteller, mit denen in den USA die Patienten informiert werden. Es erscheint hier zunächst einmal ungerecht, dass dieses Informationsangebot nur den europäischen Patienten vorbehalten sein soll, die der englischen Sprache mächtig sind. Darüber hinaus können solche ausländischen Informationsangebote Gefahren bergen, da die in anderen Ländern zugelassenen Arzneimittel von den in der EU zugelassenen, teilweise in Zusammensetzung oder Wirkung und Nebenwirkungen abweichen können.[135] Generell scheinen die gegenwärtig vorhandenen und für Patienten frei verfügbaren Internet-Informationsangebote zu Gesundheitsthemen zum größten Teil Mängel aufzuweisen.[136] Dies erkennt auch die Europäische Kommission an: *“It is not satisfactory that European citizens are legally able to access information from unregulated Internet sources, but are not enabled to obtain properly regulated European information.”*[137] Evans et al. bringen die Paradoxie der heutigen Situation treffend auf den Punkt: *“Anyone can set up a website to claim that Viagra can cure lung cancer. Pfizer, which developed the product, is not al-*

---

131 Forschungsgruppe Wahlen Online GmbH: Selbstmedikation und Internet, Mannheim, April 2004, (http://www.forschungsgruppe.de/Verschiedenes/Selbstmedikation/Selbstmedik_Internet_1.pdf), zuletzt besucht am: 26.05.2006

132 http://www.bmg.bund.de/cln_041/nn_605028/SharedDocs/Download/DE/Themenschwerpunkte/Gesundheit/Arzneimittel/pdf-Arzneimittel-und-Internet-Flyer-pdf,templateId=raw, property=publicationFile.pdf/pdf-Arzneimittel-und-Internet-Flyer-pdf.pdf, zuletzt besucht am: 26.05.2006

133 Flyer des BMGS und des Europarates: „Arzneimittel und Internet“, a.a.O., S. 1

134 Verbraucherzentrale NRW: In Internetforen beraten Laien zu Medikamenten, (http://www.verbraucherzentrale-nrw.de/UNIQ114857526503991/link210242A.html), zuletzt besucht am: 26.05.2006

135 Flyer des BMGS und des Europarates: „Arzneimittel und Internet“, a.a.O., S. 1

136 *Eysenbach* (2003), S. 294

137 Europäische Kommission (2001), S. 6

lowed within the European Union to say on its own website how it should best be used."[138] Wer heute über die Internet-Suchmaschine Google nach deutschsprachigen Internetseiten zum Produkt „Viagra" sucht, erhält als Ergebnis über 2,5 Millionen Internetseiten, die mit Informationen, Berichten, Angeboten, etc. zu diesem Produkt aufwarten.[139] Eine offizielle, für Patienten zugängliche europäische Internetseite mit Produktinformationen zu „Viagra" – sei es vom Hersteller oder von öffentlichen Stellen – findet sich zumindest unter den ersten 150 Ergebnissen nicht. Stattdessen finden sich unzählige Erfahrungsberichte, Artikel, Meinungen, Nachrichten u.ä. zum Arzneimittel „Viagra", die oft wenig mit den tatsächlichen Anwendungsgebieten des Arzneimittels zu tun haben.

Der Arzneimittelhersteller ist naturgemäß derjenige, der über die meisten Informationen über die eigenen Produkte verfügt und zudem auch das größte Interesse daran hat, über die eigenen Produkte zu informieren. Soweit ein Hersteller eine bestimmte Zielgruppe über sein Produkt informieren möchte und diese Informationen nicht gerade gesetzlich vorgeschrieben sind[140], wird eine solche Informationsvermittlung allgemein als „Werbung" bezeichnet.

Abb. 7 – Abgrenzung verschiedener Werbearten

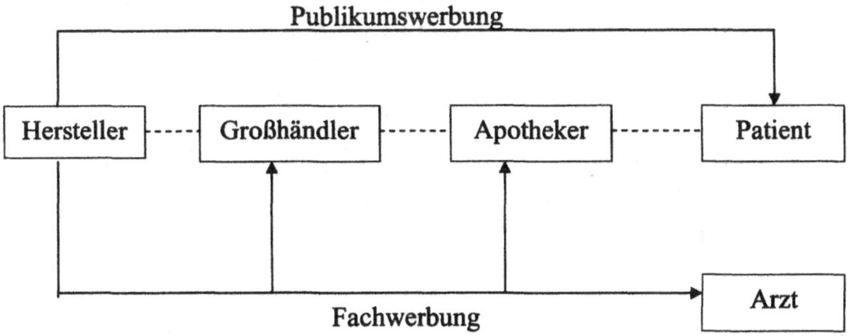

Seine Werbeaktivitäten konzentriert der Arzneimittelhersteller zunächst auf Ärzte und Apotheker, da sie es sind, die über den Einsatz eines bestimmten Arzneimittels entscheiden. Ihnen sind also die Argumente für eine Arzneimittelverordnung an die Hand zu geben. Ärzte und Apotheker zählen im heilmittel-

---

138 *Evans et al.* (2004), S. 14

139 Eingegeben am 26.05.2006 bei www.google.de

140 So im Falle der Packungsbeilage gem. § 11 AMG

werberechtlichen Sinne zu den engeren Fachkreisen[141], weshalb die Werbung ihnen gegenüber für Zwecke dieser Arbeit auch als Fachwerbung bezeichnet wird.

Der Hersteller gibt Informationen aber auch direkt an den Patienten weiter. Dies geschieht nicht nur über die Packungsbeilage, sondern auch über direkte Ansprache der Patienten. Diese Werbeform wird als „direct-to-consumer-Kommunikation" (DTC-Kommunikation) oder auch Publikumswerbung bezeichnet.

Unter den Begriff „Publikumswerbemaßnahmen" lassen sich zunächst alle absatzfördernden Maßnahmen subsumieren, die Arzneimittelhersteller oder Arzneimittelvertreiber in Medien unternehmen, die der Öffentlichkeit allgemein zugänglich sind. Hierunter fallen Anzeigen in Zeitungen und Zeitschriften, Rundfunk- und Fernsehspots, das Unterhalten von Internetseiten, Plakatwerbung und auch die Abgabe von Patientenbroschüren. Diese Definition gilt zunächst unabhängig davon, ob den einzelnen Medien im abschließend entwickelten Modell ein eigener Stellenwert eingeräumt wird oder nicht.[142] Andere denkbare Werbemaßnahmen wie etwa das Ansprechen von Patienten durch einen Außendienst oder per Telefon, die Abgabe von Mustern sowie Product-Placement und Sponsoring sollen in dieser Arbeit von vorne herein außer Betracht bleiben, da sie tendenziell irrelevant und zudem teilweise rechtlich untersagt sind.

Die Zielgruppe von Publikumswerbung bilden, als potentielle Konsumenten eines Arzneimittels, die Patienten und damit regelmäßig medizinische Laien (weshalb diese Werbeform mitunter auch „Laienwerbung" genannt wird.). Publikumswerbung will die Patienten über Arzneimittel zur Behandlung bestimmter Krankheiten informieren und von der Qualität der betreffenden Arzneimittel überzeugen. Allerdings ist der Patient nur im Falle von OTC-Arzneimitteln in der Lage, diese auch selbst zu erwerben. Aus Sicht des Herstellers genügt es hier, den Patienten von einem Arzneimittel zu überzeugen. Bei verschreibungspflichtigen Arzneimitteln ist die Situation komplizierter, denn hier benötigt der Patient eine ärztliche Verordnung. Durch Publikumswerbung kann der Absatz eines Arzneimittels nur in einem geringen Maße und bestenfalls indirekt gefördert werden, indem man den Patienten veranlasst einen Arzt aufzusuchen.[143] Dann besteht die Gelegenheit, den Arzt auf Arzneimittel anzusprechen, die dem Patienten in einer Werbung aufgefallen sind.

---

[141] Vgl. § 2 HWG für (weite) Fachkreise und § 10 Abs. 1 HWG für (engere) Fachkreise.

[142] Zu den Medien, die das Modell erlaubt vgl. Kap. 6.1. Nr. 1

[143] *Lorz* (2005), S. 897

Aber, wie es das Europäische Parlament formuliert: *„Arzneimittel sind keine Handelsware wie jede andere.“*[144] Um die Patienten vor den Folgen von übersteigertem Arzneimittelkonsum und Selbstmedikation zu bewahren hat sowohl der deutsche als auch der europäische Gesetzgeber die Möglichkeiten zur Werbung für Arzneimittel gegenüber den Patienten stark reguliert. Ergebnis war und ist unter anderem das ausnahmslose Verbot der Publikumswerbung für verschreibungspflichtige Arzneimittel.[145] Seit 1992 ist dieses generelle Werbeverbot auch Gegenstand europäischer Gesetzgebung.[146]

4.2. Herstellerinformationen in Deutschland

4.2.1. Historische Entwicklung der Gesetzeslage

Mit fortschreitender Entwicklung der pharmazeutischen Industrie gegen Ende des 19. Jahrhunderts ging auch eine Intensivierung der Werbemaßnahmen für Arzneimittel einher, die bald marktschreierischen Charakter annahmen.[147] In übertriebenen Werbemaßnahmen sah man staatlicherseits die Gefahren der Selbstmedikation steigen. Um diesen Entwicklungen entgegenzuwirken, wurden zu Beginn des vorigen Jahrhunderts von den einzelnen deutschen Bundesstaaten die ersten Regeln über die Werbung für Arzneimittel erlassen.[148] Die Beschränkungen der Werbemöglichkeiten betrafen nur bestimmte Arzneimittel oder einzelne Krankheiten. So enthielt die erste Verordnung auf diesem Gebiet eine Liste, in der alle Arzneimittel aufgeführt wurden, für die nicht öffentlich geworben werden durfte.[149] Diese Listen-Regelung hatte zum Nachteil, dass sie stetig aktualisiert werden musste. Mit dem später erlassenen „Gesetz zur Bekämpfung der Geschlechtskrankheiten“ wurde die Publikumswerbung für alle Arzneimittel, die der Therapie von Geschlechtskrankheiten dienten, verboten.[150] Diese Regelung betraf ebenfalls nur ein kleines Teilgebiet der Arzneimittel. Nach dem

---

[144] Begründung zu 1) des Standpunktes des Europäischen Parlamentes im Hinblick auf die Änderung der RiLi 2001/83/EG. (ABl. C 300 E, S. 353)

[145] § 10 Abs. 1 HWG – siehe Anlage 10.1.

[146] Vgl. Art. 3 Abs. 1 RiLi 1992/28/EWG; heute in Art. 88 Abs. 1 RiLi 2001/83/EG, zuletzt geändert durch Art. 1 Nr. 62 RiLi 2004/27/EG – siehe Anlage 10.2.

[147] *Doepner* (2000) S. 11, Rn. 1

[148] Verordnungen „über den Verkehr mit Geheimmitteln und ähnlichen Arzneimitteln“ vom 23. Mai 1903

[149] Der Verordnungen „über den Verkehr mit Geheimmitteln und ähnlichen Arzneimitteln“ vom 23. Mai 1903 waren zwei Anlagen mit Listen von Geheimmitteln beigefügt, die einem Werbeverbot unterworfen waren.

[150] Das „Gesetz zur Bekämpfung von Geschlechtskrankheiten“ vom 18. Februar 1927 (RGBl. I, 61) untersagte jede Werbung für Mittel gegen Geschlechtskrankheiten und Krankheiten der Geschlechtsorgane außerhalb der Fachkreise.

ersten Weltkrieg war zwar durch weitere Polizeiverordnungen der Länder generell die irreführende und gesundheitsschädliche Werbung gegenüber dem Publikum untersagt worden, eine umfassende Regelung der Publikumswerbung, die für alle Heilmittel praktikabel war, gab es jedoch nicht.

In den dreißiger Jahren des 20. Jahrhunderts wurde dann die Neuordnung der Regelungen der Werbung für Heilmittel in Angriff genommen. Der „Werberat der Deutschen Wirtschaft“ etablierte die erste reichseinheitliche und umfassende Regelung der Heilmittelwerbung[151], die jedoch keinen Gesetzescharakter hatte.[152] Am 29. September 1941 erließ das Reichsministerium des Innern die „Polizeiverordnung über die Werbung auf dem Gebiete des Heilwesens“ (HWVO), die inhaltlich die Regelung des Werberates in der aktuellen Fassung übernahm.[153] Diese Verordnung formulierte das erste einheitliche gesetzliche Verbot der Publikumswerbung, das die gesamte Heilmittelwerbung umfasste. Es war praktikabler als seine Vorgängerregelungen, da es das Verbot an die Verschreibungspflicht des beworbenen Arzneimittels knüpfte und somit automatisch in Kraft treten ließ.[154] Danach durfte nur noch unmittelbar bei den Fachkreisen[155] bzw. in Fachzeitschriften, die sich an diese Berufskreise richteten, für verschreibungspflichtige Arzneimittel geworben werden. Darüber hinaus durfte die gegenüber den Fachkreisen zugelassene Werbung nicht so ausgestaltet sein, dass sie absehbar zur Selbstbehandlung oder zur Behandlung durch dafür nicht gesetzlich berufene oder zugelassene Personen führen konnte.[156] Diese Polizeiverordnung trat am 1. Oktober 1941 in Kraft und setzte die bis dahin bestehenden landesrechtlichen Vorschriften über die Werbung auf dem Gebiete des Heilwesens außer Kraft.[157]

Gegen Ende der fünfziger Jahre begannen in Deutschland die Beratungen über die Neuregelung des Heilmittelwerberechts durch ein eigenes Gesetz. Begründet wurde die Notwendigkeit einer Neuregelung unter anderem mit dem Auftreten neuer Werbemethoden, der Fortentwicklung der medizinischen und

---

151 17. Bekanntmachung des Werberates (Heilmittel-Bekanntmachung) vom 5. Mai 1936

152 Der ‚Werberat der Deutschen Wirtschaft‘ übte die Reichsaufsicht über das ganze Werbewesen aus. Seine Bekanntmachungen hatten zwar keinen Gesetzes- oder Verordnungscharakter, jedoch konnte ihre Einhaltung mittelbar dadurch erzwungen werden, dass ein Verstoß gegen sie den Verlust der damals erforderlichen Genehmigung zur Wirtschaftswerbung bewirken konnte (vgl. *Doepner* (2000), S.12)

153 RGBl. I, 587

154 § 5 Abs. 1 a) HWVO

155 Ärzte, Zahnärzte, Tierärzte, Apotheker und Personen, die mit Arzneimitteln erlaubterweise Handel treiben; § 5 Abs. 1 Satz 1 HWVO

156 § 8 HWVO

157 § 13 Abs. 1 HWVO

pharmazeutischen Wissenschaft sowie der für die HWVO festgeschriebenen zeitlichen Befristung der Geltungsdauer.[158] Die Neuregelung trat am 15. Juli 1965 nach langer Debatte in Form des HWG in Kraft.[159]

4.2.2. Das deutsche Werbeverbot und seine Begründung

HWG und HWVO gleichen sich weitgehend in Inhalt und Aufbau. So schließt § 10 Abs. 1 HWG genau wie § 5 Abs. 1 a) HWVO die Werbung für verschreibungspflichtige Arzneimittel gegenüber dem Publikum aus und beschränkt sie damit auf einen engen fachlichen Adressatenkreis aus Ärzten, Apothekern und Großhändlern. In der amtlichen Begründung dieses Gesetzes heißt es hierzu:

> *„Das Arzneimittel stellt eine Ware besonderer Art dar, die häufig nicht ohne Risiko angewendet werden kann. Die Hersteller von Arzneimitteln oder diejenigen, die sonst Arzneimittel in den Verkehr bringen, haben grundsätzlich das Recht, im Rahmen ihrer Berufsausübung die Verbraucher über ihre Erzeugnisse zu unterrichten, um deren Absatz zu fördern. Dieses Recht auf Werbung muß aber Einschränkungen erfahren. Ein großer Teil der Arzneimittel enthält Stoffe, deren Wirkungen und Nebenwirkungen von Laien nicht übersehen werden können und die deshalb nur unter ärztlicher Aufsicht angewendet werden sollten. Es ist im Interesse der Volksgesundheit nicht vertretbar, dass für solche Mittel außerhalb der Fachkreise geworben werden kann und damit der fachunkundige Verbraucher angeregt wird, sich ihrer zur Selbstbehandlung zu bedienen. (...) In diesen Fällen muß eine Werbung beim fachunkundigen Verbraucher entweder ausgeschlossen oder eingeschränkt werden.*“[160]

Entgegen den Vorschlägen der Bundesärztekammer, ein absolutes Verbot der Werbung außerhalb der Fachkreise zu erlassen und den Vorschlägen der SPD, das Publikumswerbeverbot grundsätzlich auf alle apothekenpflichtigen Arzneimittel zu erstrecken, ging die Bundesregierung in ihrem Gesetzesentwurf davon aus, dass eine Publikumswerbung grundsätzlich erlaubt sein müsse, diese aber im Interesse der Gesundheit der Verbraucher gewisse Einschränkungen erfahren muss.[161]

---

[158] Die Geltungsdauer der HWVO betrug zunächst aufgrund ihrer Ermächtigungsvorschrift (§ 8 VO über die PolizeiVO der Reichsminister vom 14. November 1938) 20 Jahre. Die Geltungsdauer wurde ausgedehnt bis kurz vor dem Inkrafttreten des HWG.

[159] Siehe Anlage 10.1

[160] Amtliche Begründung, BT-Drucks. IV/1867, S. 5

[161] *Dopener* (2000). S. 14 f., Rn. 5

Des Weiteren wird in der Gesetzesbegründung ein grundsätzliches Recht zur Selbstbehandlung zwar anerkannt, gleichzeitig aber die besondere Schutzbedürftigkeit des Verbrauchers als Adressat einer Heilmittelwerbung hervorgehoben:

„*Grundsätzlich hat jeder Staatsbürger das Recht, sich im Krankheitsfalle unter Zuhilfenahme von Arzneimitteln selbst zu behandeln; er hat daher auch ein berechtigtes Interesse, durch die Werbung zu erfahren, welche Arzneimittel auf dem Markt angeboten werden und für welche Zwecke sie bestimmt sind. Der Verbraucher vermag aber als Laie auf diesem schwer überschaubaren Gebiet in vielen Fällen Werbebehauptungen über Güte und Wirkungen eines Arzneimittels nicht zu beurteilen. Es kommt hinzu, dass er sich oft als kranker Mensch in einer psychischen Notlage befindet und daher besonders leicht einer irreführenden oder übertriebenen Arzneimittelwerbung zum Opfer fällt. Es ist mit ein Hauptziel dieses Entwurfs, den kranken Menschen davor zu bewahren, durch die Werbung zu einer missbräuchlichen Anwendung von Arzneimitteln verleitet zu werden.*“[162]

Durch das Verbot der Publikumswerbung soll also den Gefahren der medikamentösen Selbstbehandlung begegnet werden, da der Gebrauch von Arzneimitteln immer auch Gesundheitsgefahren mit sich bringt. Allerdings wird dieser Gefahr in weiten Teilen bereits durch die Verschreibungspflicht begegnet. Warum der Gesetzgeber über diese Regulierung hinaus noch eine Werbebeschränkung für notwendig erachtet, geht aus den Gesetzesbegründungen nicht eindeutig hervor.

Neben dem befürchteten riskanten Fehlgebrauch von Arzneimitteln soll das Verbot der Publikumswerbung für verschreibungspflichtige Präparate auch dem Zuvielgebrauch von Arzneimitteln entgegenwirken. Man geht hierbei davon aus, dass ein Publikumswerbeverbot, insbesondere in Verbindung mit einer gesetzlichen Verschreibungspflicht, zu einer erheblichen Reduzierung des Konsums der betreffenden Arzneimittel führt.[163]

Darüber hinaus besteht noch ein weiteres Verbot der Publikumswerbung für Arzneimittel, die dazu bestimmt sind, bei Menschen die Schlaflosigkeit oder psychische Störung zu beseitigen oder die Stimmungslage zu beeinflussen.[164] Diese Regelung des § 10 Abs. 2 HWG stellt in erster Linie einen Auffangtatbestand zum Publikumswerbeverbot für verschreibungspflichtige Präparate in § 10 Abs. 1 HWG dar, denn in der Regel unterliegen Schlafmittel und Psychophar-

---

162 Amtliche Begründung zum HWG, BT-Drucks. IV/1867, S. 5-6

163 *Doepner* (2000) § 10 Rn. 9; sowie *Bülow/Ring* (2005), § 10, Rn. 1.

164 § 10 Abs. 2 HWG

maka der Verschreibungspflicht. Um jedoch für diese äußerst komplexen medikamentösen Anwendungsgebiete eine Selbstmedikation weitgehend ausschließen zu können, stellte der Gesetzgeber dieses zusätzliche Werbeverbot auf.

Ein weiteres Verbot für Publikumswerbung stellt § 12 HWG auf. Diese Norm verbietet Werbung außerhalb der Fachkreise, die sich auf die Erkennung, Verhütung, Beseitigung oder Linderung einiger bestimmter Krankheiten, bzw. Krankheitsgebiete bezieht. Diese sind nach dem Infektionsschutzgesetz[165] meldepflichtige Krankheiten oder durch meldepflichtige Krankheitserreger verursachte Infektionen, bösartige Neubildungen, Suchtkrankheiten, ausgenommen Nikotinabhängigkeit und krankhafte Komplikationen der Schwangerschaft, der Entbindung und des Wochenbetts.[166] Die Krankheitsliste des § 12 HWG ist mit der jüngsten Reform des Arzneimittelrechts vom 29.8.2005 allerdings deutlich verkürzt worden – sie umfasste zuvor deutlich mehr Krankheiten.[167] Im Gegensatz zu dem engen Adressatenkreis des § 10 Abs. 1 HWG sind die Fachkreise i.S.d. § 12 HWG weiter gefasst, denn sie umfassen gem. § 2 HWG neben den Angehörigen der Heilberufe alle Personen, die in Ausübung ihres Berufes Arzneimittel anwenden oder mit diesen erlaubterweise Handel treiben.[168]

Dieses Verbot wird damit begründet, dass es eine Reihe von Krankheiten, Leiden, Körperschäden oder krankhaften Beschwerden gibt, bei denen jeder Versuch einer Selbstbehandlung, auch mit so genannten harmlosen Mitteln, gefährlich werden kann. Auch in diesen Fällen hielt der Gesetzgeber es für geboten, die Werbung beim fachunkundigen Verbraucher auszuschließen.[169]

4.2.3. Verfassungsmäßigkeit des Verbotes

Die Verfassungsmäßigkeit der deutschen Vorschriften zur Publikumswerbung für Arzneimittel wird an dieser Stelle nur kurz beleuchtet, denn sie soll nicht primärer Gegenstand dieser Arbeit sein. Trotzdem ist festzuhalten, dass heute teilweise in Zweifel gezogen wird, ob das pauschale Verbot jeder Publikumswerbung einer verfassungsrechtlichen Überprüfung standhält.[170]

---

165 Vom 20. Juli 2000 (BGBl. I S. 1045)

166 Vgl. § 12 Abs. 1 HWG i.V.m. Anlage zu § 12

167 Früher wurden auch Geschwulstkrankheiten, Krankheiten des Stoffwechsels und der inneren Sekretion, Krankheiten des Blutes und der blutbildenden Organe, organische Krankheiten des Nervensystems, der Augen und Ohren, des Herzens und der Gefäße, der Leber und des Pankreas, der Harn- und Geschlechtsorgane, Geschwüre des Magens und des Darms, Epilepsie, Geisteskrankheiten und Trunksucht von § 12 HWG erfasst.

168 § 12 Abs. 1 i.V.m. § 2 HWG

169 Amtliche Begründung zum HWG, BT-Drucks. IV/1867, S. 5

170 *Barth* (2003a), *Lorz* (2005); obwohl *Doepner* sie noch 2000 als „im Wesentlichen unstreitig" bezeichnete, vgl. *Doepner* (2000), S. 24

Grundsätzlich genießt Wirtschaftswerbung jedenfalls dann, wenn sie einen wertenden, meinungsbildenden Inhalt hat oder Angaben enthält, die der Meinungsbildung dienen, auch den grundgesetzlichen Schutz der Informations- und Meinungsfreiheit aus Art. 5 GG. Zudem ist sie von der Freiheit der Berufsausübung nach Art 12 GG gedeckt. In diese Freiheiten wird durch das Verbot der Publikumswerbung für verschreibungspflichtige Arzneimittel eingegriffen. Aber bei der Auslegung und Anwendung der Normen des HWG ist zwischen der Schwere des Grundrechtseingriffes einerseits und dem Rechtsgut oder Schutzzweck des Gesetzes, abzuwägen.[171] Schutzzweck des HWG ist das Interesse der Allgemeinheit an Gesundheit sowie die Gesundheit des einzelnen Patienten. Man geht hierbei davon aus, dass Patienten als medizinische und pharmakologische Laien nicht in der Lage sind, die in Werbung enthaltenen Informationen über Eigenschaften eines Arzneimittels zu beurteilen und dass sie, wenn sie an einer Krankheit leiden, sich in einer psychischen Notlage befinden und so den Werbebotschaften möglicherweise blind vertrauen.[172] Da die Anwendung insbesondere von verschreibungspflichtigen Arzneimitteln stets auch mit einem gewissen Gesundheitsrisiko verbunden ist, möchte man mit dem Werbeverbot den möglichen Gefahren der medikamentösen Selbstbehandlung der Patienten begegnen. Der BGH stellt hierbei klar, dass eine Einschränkung der Grundrechte der Arzneimittelhersteller nur dann greifen kann, wenn auf der anderen Seite eine Werbemaßnahme zu einer unmittelbaren oder zumindest einer mittelbaren Gesundheitsgefährdung führen kann.[173]

In diesem Zusammenhang ist jedoch zu prüfen, ob ein solches pauschales Verbot jeglicher Information, geknüpft an die Verschreibungspflicht eines Arzneimittels, den Grundsatz der Verhältnismäßigkeit des Grundrechtseingriffes wahrt. Hierzu müsste das Verbot der Publikumswerbung zur Erreichung des verfolgten Ziels geeignet und erforderlich sein, sowie zu diesem in einem angemessenen Verhältnis stehen. Schon gegenüber der generellen Eignung des hier in Rede stehenden Werbeverbotes zur Förderung des Gesundheitsschutzes erheben sich jedoch Bedenken.[174] Zunächst besteht bei verschreibungspflichtigen Arzneimitteln nur eine sehr eingeschränkte Möglichkeit, den Absatz mit Hilfe von Publikumswerbung zu beeinflussen, da einem Erwerb des beworbenen Mittels stets ein Arzt zwischengeschaltet ist. Die Gefahren, die mit einer Selbstmedikation verbunden sind, werden durch derartige Webung folglich nicht erhöht. Auch nach der Verschreibung bzw. dem Kauf eines Arzneimittels, bestehen kei-

---

[171] Vgl. auch Amtliche Begründung zum HWG, BT-Drucks. IV/1867, S. 5
[172] *Doepner* (2000), S. 23 – 26, 54
[173] Vgl. BGH, Lebertrankapseln, Urteil vom 06.05.2004, I ZR 265/01, WRP 2004, S. 1163
[174] *Lorz* (2005), S. 904

ne grundsätzlichen Bedenken gegen die Bereitstellung weitergehender sachlicher Informationen. Der Patient könnte sie vielmehr z.B. zu einer zusätzlichen Überprüfung der richtigen Anwendung heranziehen. Damit reduziert sich die zur Rechtfertigung vorgebrachte Argumentation auf den Grund, dass der Arzt vor mittelbarem Druck von Seiten seiner Patienten bewahrt werden müsse. Die Tragfähigkeit dieser Begründung erscheint jedoch schwach. *„Abgesehen davon, dass sie ein merkwürdiges Bild des Arztes zeichnet, das ihn eher als eine Art Handelsvertreter denn als vertrauensvoll in schwierigen Lebenslagen konsultierten Experten zeigt, ist für die Vorenthaltung sachlich richtiger Informationen im Hinblick auf das Kommunikationsverhältnis zwischen Arzt und Patient sowie das Leitbild des „informierten Patienten" kein Raum."*[175]

Selbst bei einer grundsätzlichen Anerkennung der Geeignetheit des Werbeverbotes, ist zumindest ein derart pauschales Werbeverbot nicht erforderlich. Absolute Werbeverbote stellen einen besonders scharfen Eingriff insbesondere in die Meinungsfreiheit dar. Um einen solchen zu rechtfertigen, bedarf es spezifischer Gründe dafür, dass eine weniger belastende Maßnahme nicht ausgereicht hätte. *„Im Hinblick auf das legitime Interesse der Öffentlichkeit an einer umfassenden Information erscheint eine differenzierte Betrachtungsweise angebracht, die nach dem materiellen Aussagegehalt der jeweiligen Information unterscheidet."*[176] Allein um falsche und unsachgemäße Information zu verhindern, bedarf es jedoch keines pauschalen Werbeverbotes, das jegliche Information verhindert. Ein entsprechend enger gefasstes Verbot würde vielmehr ausreichen. Auch die Annahme des generellen Unvermögens der Patienten, medizinische Informationen verstehen und treffend einordnen zu können, erscheint vor dem Hintergrund, dass verbesserte und vermehrte Patienteninformationen über Arzneimittel von allen Seiten gefordert werden, als hinfällig.

So kann die Frage der Verfassungsmäßigkeit des Verbotes der Publikumswerbung für verschreibungspflichtige Arzneimittel keinesfalls als abschließend geklärt angesehen werden. Dies gilt insbesondere auch im Hinblick auf die Einschränkungen der Grundrechte der (passiven) Informationsfreiheit der Patienten.[177] Wie sich diese Situation zukünftig entwickelt, bleibt, unabhän-

---

[175] *Lorz* (2005), S. 905

[176] *Lorz* (2005), S. 905

[177] Im Falle der Ratifizierung der Europäischen Verfassung ist zu prüfen, ob das Werbeverbot gegen die Charta der Grundrechte der Union verstößt. Artikel 11 der Charta garantiert jedem Unionsbürger die Freiheit, Informationen und Ideen ohne behördliche Eingriffe und ohne Rücksicht auf Staatsgrenzen zu empfangen und weiterzugeben. Es bleibt im Falle der Ratifizierung der Verfassung abzuwarten ob und wie die Gerichte dieses Grundrecht im Hinblick auf die Werbebeschränkungen aus Sicht der Unternehmen und auch der Patienten ausfüllen.

gig davon, ob der Gesetzgeber dieses Verbot von sich aus lockert, somit abzuwarten.

4.3. Herstellerinformationen in Europa

Auch wenn für den Verkehr mit Arzneimitteln eine Vielzahl von besonderen Schutzbestimmungen und Sondergesetze gelten, sind Arzneimittel im Kontext des internationalen Wirtschaftsverkehrs zunächst einmal Waren, mit denen am Markt für Arzneimittel gehandelt wird. Soweit dieser Handel innerhalb der geographischen Grenzen der Europäischen Union stattfindet, finden auf ihn grundsätzlich auch die Bestimmungen des europäischen Binnenmarktes Anwendung. Weiterhin ist es ein erklärtes Ziel der europäischen Gemeinschaft, die Handelshemmnisse auf diesem Binnenmarkt abzubauen und die verschiedenen nationalen Rechtsvorschriften durch gemeinschaftliche europäische Rechtssetzungsakte weitgehend zu harmonisieren.[178] Da unterschiedliche nationale Bestimmungen für den Handel mit Arzneimitteln einem freien Warenverkehr und einem harmonisierten Binnenmarkt im Wege standen, hat die Europäische Gemeinschaft schon bald nach ihrer Errichtung begonnen, die nationalen Rechts- und Verwaltungsvorschriften auf diesem Sektor anzugleichen.[179] Ob bzw. inwieweit unterschiedliche Vorschriften für Arzneimittelwerbung einem harmonisierten Binnenmarkt tatsächlich im Wege gestanden haben, ist jedoch fraglich.[180]

4.3.1. Historische Entwicklung der Gesetzeslage

Die erste Richtlinie, die auch die Öffentlichkeitswerbung für Humanarzneimittel betraf, wurde am 3. Oktober 1989 erlassen und hatte vordergründig nicht die Neuregelung arzneimittelspezifischer Vorschriften zum Ziel; sie diente vielmehr der Koordinierung bestimmter Rechts- und Verwaltungsvorschriften der Mitgliedstaaten über die Ausübung der Fernsehtätigkeit.[181] Durch sie sollten die jeweiligen nationalen Vorschriften über die Dienstleistung der Fernsehtätigkeit

---

[178] Art. 14 EG

[179] Beispielhaft seien hier genannt: RiLi 65/65/EWG zur Angleichung der Rechts- und Verwaltungsvorschriften über Arzneimittel; RiLi 75/319/EWG zur Angleichung der Rechts- und Verwaltungsvorschriften über Arzneispezialitäten; RiLi 92/25/EWG über den Großhandelsvertrieb von Humanarzneimitteln; RiLi 92/26/EWG zur Einstufung bei der Abgabe von Humanarzneimitteln; RiLi 92/27/EWG über die Etikettierung und die Packungsbeilage von Humanarzneimitteln; RiLi 92/28/EWG über die Werbung für Humanarzneimittel.

[180] Auf die daraus resultierende Frage der Legitimation des Europäischen Gesetzgebers auf diesem Gebiet tätig zu werden, wird bei der Verfassungsmäßigkeit eingegangen, vgl. Kap. 4.3.3.

[181] RiLi 89/552/EWG, ABl. EG Nr. L 298 v. 27. 10. 1989, S. 23 ff.

harmonisiert werden, um den freien Dienstleistungsverkehr zwischen den Mitgliedstaaten auf diesem Gebiet zu gewährleisten.[182] So enthielt sie auch eine Reihe von Bestimmungen für Fernsehwerbung und untersagte neben der Fernsehwerbung für Tabakerzeugnisse auch die Fernsehwerbung für verschreibungspflichtige Arzneimittel.[183]

Im Zuge der weiteren Harmonisierung arzneimittelspezifischer Rechtsvorschriften wurde am 31. März 1992 die Richtlinie 92/28/EWG erlassen.[184] Durch diese Richtlinie sollten einheitliche Vorschriften für die Werbung für Humanarzneimittel in der gesamten Europäischen Union festgesetzt werden und so unter anderem auch die Öffentlichkeitswerbung für verschreibungspflichtige Humanarzneimittel in der gesamten EU verboten werden.[185] Diese Richtlinie war bis zum 1. Januar 1993 in nationales Recht umzusetzen. Das ursprüngliche Verbot der Fernsehwerbung in Richtlinie 89/552/EWG wurde dadurch, dass das Publikumswerbeverbot für verschreibungspflichtige Arzneimittel auf alle Medien ausgedehnt wurde, allerdings nicht berührt. Es besteht weiterhin unverändert fort.[186]

4.3.2. Das europäische Werbeverbot und seine Begründung

Aktuell besteht das oben geschilderte Verbot der Publikumswerbung für verschreibungspflichtige Arzneimittel auch weiterhin innerhalb der EU fort. Im Rahmen der Schaffung eines Gemeinschaftskodex' für Humanarzneimittel wurde die Richtlinie 92/28/EWG am 6. November 2001 in die Richtlinie 2001/83/EG integriert. Der europäische Gesetzgeber hielt es aus Gründen der Übersicht und der Klarheit geboten, die Vielzahl der gemeinschaftlichen Rechtsvorschriften über Humanarzneimittel zu kodifizieren und zu einem einzigen Text – dem Gemeinschaftskodex für Humanarzneimittel – zusammenzufassen.[187] Hierbei wurde das Verbot der Öffentlichkeitswerbung unverändert über-

[182] Vgl. Begründung der RiLi 89/552/EWG

[183] RiLi 89/552/EWG Art. 14: Fernsehwerbung ist untersagt für Arzneimittel und ärztliche Behandlungen, die in dem Mitgliedstaat, dessen Rechtshoheit der Fernsehveranstalter unterworfen ist, nur auf ärztliche Verordnung erhältlich sind. (Die Berichtigung der RiLi 89/552/EWG des Rates vom 3. Oktober 1989 änderte „ärztliche Behandlungen" in „medizinische Behandlungen".)

[184] RiLi 92/28/EWG, ABl. EG Nr. L 113 v. 30. 4. 1994, S. 13 ff.

[185] Art. 3, Abs. 1, 1. Spiegelstrich RiLi 92/28/EWG: Die Mitgliedstaaten verbieten die Öffentlichkeitswerbung für Arzneimittel, die gemäß der RiLi 91/26/EWG nur auf ärztliche Verschreibung abgegeben werden dürfen.

[186] RiLi 2001/83/EG Art. 88 Abs. 5

[187] RiLi 2001/83/EG Begründung (1.)

nommen[188] und auch durch die letzte Änderung des Gemeinschaftskodex' nicht berührt.[189] Die Öffentlichkeitswerbung für verschreibungspflichtige Humanarzneimittel ist folglich in allen Mitgliedstaaten untersagt.

Die Begründung des ersten Verbotes in Richtlinie 89/552/EWG fällt außerordentlich kurz aus. So heißt es lediglich „*Ferner ist es erforderlich, jede Fernsehwerbung für Arzneimittel und ärztliche Behandlungen zu untersagen, die in dem Mitgliedstaat, dessen Rechtshoheit der Fernsehveranstalter unterworfen ist, nur auf ärztliche Verordnung erhältlich sind*".[190] Auch die Dokumente der Europäischen Kommission, auf deren Vorschlag diese Richtlinie beruht, liefern keine ausführlichere Begründung.[191] Wahrscheinlich wurde das Verbot in die Richtlinie aufgenommen, weil es in den einzelnen Mitgliedstaaten bereits in unterschiedlichen Formen existierte und so harmonisiert werden sollte.

Mit dem zweiten Verbot aus Richtlinie 92/28/EWG wollte die europäische Kommission den in der Richtlinie 89/552/EWG niedergelegten Grundsatz des Verbotes der Fernsehwerbung für verschreibungspflichtige Arzneimittel auf die übrigen Medien ausdehnen. Darüber hinaus hatte die Kommission erkannt, dass alle Mitgliedstaaten für sich spezifische Regelungen auf dem Gebiet der Arzneimittelwerbung erlassen haben. Allerdings wichen die einzelnen Werbeverbote und nationalen Kontrollmechanismen voneinander ab. Da sich aber in den Augen der Kommission eine in einem Mitgliedstaat verbreitete Werbung auch auf die übrigen Mitgliedstaaten auswirken kann, hielt sie zur Gewährleistung eines barrierefreien Binnenhandels einheitliche Vorschriften notwendig. Ziel des Werbeverbotes war somit wieder die Rechtsvereinheitlichung der ohnehin europaweit bestehenden Publikumswerbeverbote für verschreibungspflichtige Arzneimittel in den einzelnen Mitgliedstaaten.[192]

Neben diesem allgemeinen Werbeverbot für verschreibungspflichtige Arzneimittel existieren auf europäischer Ebene noch weitere Regelungen für Arzneimittelwerbung.

Für solche Präparate, die nach ihrer Zusammensetzung und Zweckbestimmung so beschaffen und konzipiert sind, dass sie ohne Tätigwerden eines Arztes für die Diagnose, Verschreibung oder Überwachung der Behandlung, erforderlichenfalls nach Beratung durch den Apotheker, verwendet werden kön-

---

[188] RiLi 2001/83/EG Art. 88 Abs. 1: „Die Mitgliedstaaten verbieten die Öffentlichkeitswerbung für Arzneimittel, die gemäß Titel VI [dieser RiLi] nur auf ärztliche Verschreibung abgegeben werden dürfen."

[189] RiLi 2004/27/EG Art. 1, Nr. 62

[190] Vgl. Begründung der RiLi 89/552/EWG

[191] Vgl. KOM/1986/146 endg.; KOM/1988/154 endg.; KOM/1989/247 endg.

[192] KOM(90) 212 endg. vom 6. Juni 1990, Vorschlag für eine RiLi des Rates über die Werbung für Humanarzneimittel; S. 5 ff.

nen, darf öffentlich geworben werden. Da jedoch alle Arzneimittel, zu deren gefahrloser Verwendung das Tätigwerden eines Arztes erforderlich ist, gleichzeitig auch verschreibungspflichtig sind, stellt dieser Artikel lediglich eine positive Formulierung des Publikumswerbeverbotes für verschreibungspflichtige Arzneimittel dar.

Die einzelnen Mitgliedstaaten sind berechtigt, in ihrem Gebiet die Öffentlichkeitswerbung für erstattungsfähige Arzneimittel zu untersagen. Der deutsche Gesetzgeber hat bei der Umsetzung der Richtlinie in nationales Recht von dieser Möglichkeit jedoch keinen Gebrauch gemacht. Dies geschah wohl aus zweierlei Gründen. Zum einen sind erstattungsfähige Medikamente regelmäßig auch verschreibungspflichtig, bzw. OTC-Arzneimittel eben nicht erstattungsfähig.[193] Von diesem Grundsatz gibt es zwar auch Ausnahmen, prinzipiell ist jedoch das Verbot der Publikumswerbung für erstattungsfähige Arzneimittel und das Verbot der Publikumswerbung für verschreibungspflichtige Arzneimittel in ihren Auswirkungen deckungsgleich.[194] Ein anderes Argument gegen ein Verbot von Publikumswerbung für erstattungsfähige Arzneimittel in Deutschland ist, dass im deutschen Sozialrecht eine Reihe von Ausnahmeregelungen hinsichtlich der Erstattungsfähigkeit von Medikamenten für einzelne Versichertengruppen gelten. So können für Kinder unter zwölf Jahren alle Arzneimittel unabhängig von ihrer Verschreibungspflicht erstattet werden.[195] Folglich lassen sich in Deutschland erstattungsfähige Arzneimittel nicht grundsätzlich von nicht erstattungsfähigen trennen. Ein Verbot der öffentlichen Werbung für erstattungsfähige Präparate wäre nicht praktikabel, bzw. würde sich je nach Auslegung auf sämtliche Arzneimittel erstrecken.[196]

4.3.3. Verfassungsmäßigkeit des europäischen Verbotes

Zwar stellt die supranationale Europäische Union keinen Staat im eigentlichen Sinne dar, in dem eine Verfassung den einzelnen Bürger vor staatlichen Eingriffen schützt. Trotzdem übt auch die Union Hoheitsgewalt aus, die gegenüber dem Einzelnen einer rechtlichen Eingrenzung bedarf.[197] Gegen das Verbot der Publi-

---

[193] § 34 Abs. 1 SGB V

[194] Zur außerordentlichen Erstattung von OTC-Arzneimitteln siehe Kap. 2.4.

[195] Vgl. § 34 Abs. 1 SGB V; vgl. auch BMGS (2004a); S. 24

[196] Zudem drängt sich hierbei der Eindruck auf, dass weniger gesundheitspolitische als vielmehr fiskalische Interessen Beweggründe dieses Werbeverbotes waren. In diesem Zusammenhang hätte die EU jedoch gar nicht tätig werden dürfen, vgl. *Barth* (2003b), S. 654

[197] *Lorz* (2005), S. 900 f.

kumswerbung für verschreibungspflichtige Arzneimittel bestehen daher von verschiedenen Seiten Bedenken.

Zunächst benötigt der europäische Gesetzgeber, nach dem Prinzip der begrenzten Einzelermächtigung[198], für ein Tätigwerden eine ausdrückliche Ermächtigungsgrundlage. Als solche kommt hier einzig Art. 95 EG in Betracht, dem zufolge der europäische Gesetzgeber Richtlinien zur Errichtung des gemeinsamen Binnenmarktes erlassen kann. Diese Maßnahmen müssen jedoch in jedem Fall die Errichtung und das Funktionieren des Binnenmarktes zum Gegenstand haben.[199] Schon die Begründung des Gemeinschaftsgesetzgebers deutet jedoch darauf hin, dass das Publikumswerbeverbot vorwiegend aus gesundheitspolitischen Gründen erlassen wurde.[200] Weitergehende Ausführungen zu den Auswirkungen der unterschiedlichen Regelungen der Arzneimittelwerbung in den Mitgliedstaaten auf den freien Warenverkehr sowie den Wettbewerb unterbleiben. Der Gemeinschaftsgesetzgeber führt lediglich an, dass sich eine in einem Mitgliedstaat verbreitete Werbung in einem anderen Mitgliedstaat auswirken könne und somit eine binnenmarktrelevante Maßnahme vorliege. Eine derart pauschale Behauptung einer abstrakten Beeinträchtigungsmöglichkeit reicht nach der Rechtsprechung des EuGH aber gerade nicht aus, um einen Rechtsakt auf Art. 95 Abs. 1 EG stützen zu können.[201] Daher scheint eine Ermächtigung für ein Tätigwerden der EU auf diesem Gebiet nicht gegeben.[202]

Zudem werden durch das pauschale Verbot auch verschiedene Gemeinschaftsgrundrechte beeinträchtigt.[203] Hier sind insbesondere die Meinungsfreiheit, die Freiheit der unternehmerischen Betätigung und die passive Informationsfreiheit zu nennen. Ein Eingriff in diese Grundrechte müsste dann wieder den Grundsatz der Verhältnismäßigkeit wahren. Aus denselben Gründen wie bei der Verfassungsmäßigkeit des Werbeverbotes in Deutschland erscheint dies jedoch zweifelhaft.[204]

---

198 Art. 5 Abs. 1 EG

199 *Lorz* (2005), S. 901, m.w.N.

200 RiLi 2001/83/EG, Rn. 44ff.

201 Vgl. EuGH, Urteil vom 5. 10. 2000, Rs. C-376/98, Slg. 2000, I-8419 (*Deutschland ./. Parlament u. Rat*), Rn. 84

202 *Lorz* (2005), S. 901 f.

203 Diese lassen sich aus u.a. Art. 6 Abs. 2 EUV herleiten, der auf die EMRK verweist und nach herrschender Meinung auch für Rechtsakte nach dem EG-Vertrag Verbindlichkeit entfaltet. In Form der „Charta der Grundrechte der Union“, die in der „Europäischen Verfassung“ integriert ist, werden die Grundrechte zusätzliche Wirksamkeit erlangen. Vgl. *Lorz* (2005), S. 902

204 Vgl. *Lorz* (2005), S. 902 f.

4.4. Der Begriff der Werbung im Sinne des Gesetzes

Nun, da herausgearbeitet wurde, dass Werbemaßnahmen für Arzneimittel gegenüber der Öffentlichkeit stark reguliert und im Falle von verschreibungspflichtigen Arzneimitteln sogar gänzlich verboten sind, ist zu klären, wie der Gesetzgeber den Begriff der Werbung versteht, denn ein einheitliches Verständnis des Werbebegriffs gibt es in den verschiedenen wirtschaftlichen und rechtlichen Disziplinen nicht.

Einen Versuch der allgemeinen Definition unternimmt Doepner, demzufolge Werbung eine Form der beeinflussenden Kommunikation ist, durch die versucht wird, Einstellungen und Verhaltensweisen der Adressaten im Sinne einer werblichen Zielsetzung zu verändern.[205] Nach Gehring hat die klassische Werbung als primären Zweck die Beeinflussung der Zielgruppen in einer für die Industrie günstige Richtung. Ihren primären Gegenstand sieht er in der direkten und indirekten Absatzförderung.[206] Unter diese weit gefassten Definitionen fällt neben der Absatzwerbung, die sich auf ein bestimmtes Produkt bezieht, auch die so genannte ‚allgemeine Vertrauenswerbung', die ohne einen konkreten Produktbezug z. B. für das Unternehmen an sich wirbt.

Der deutsche Gesetzgeber verzichtete bewusst auf die Definition des Begriffs Werbung, weil er ihn auch in anderen Rechtsgebieten genutzt wusste und dort keine Auslegungsprobleme aufgetreten waren. Seinem Verständnis nach umfasst die hier relevante Werbung aber alle Werbemaßnahmen, durch die der Absatz wirtschaftlicher Güter gefördert werden soll.[207] Somit ist klar, dass für die Vorschriften über Arzneimittelwerbung allein die produktbezogene Absatzwerbung relevant ist.[208]

Die Unterscheidung zwischen Absatzwerbung und allgemeiner Vertrauenswerbung kann streckenweise schwer fallen. Nach einhelliger Auffassung ist jedoch eine eindeutige und erkennbare Bezugnahme auf ein oder mehrere Arzneimittel erforderlich, damit man von Absatzwerbung sprechen kann. Anders ausgedrückt umfasst Absatzwerbung alle informationsvermittelnden und meinungsbildenden Aussagen, die darauf abzielen, die Aufmerksamkeit der (potentiellen) Patienten zu erwecken und deren Entschlüsse mit dem Ziel der Förderung des Absatzes von Produkten, hier Arzneimitteln, zu beeinflussen. Ob die Bezugnahme auf ein konkretes Arzneimittel direkt oder indirekt erfolgt ist unbeachtlich. Sobald die angesprochenen Verkehrskreise die Werbung auch auf ein konkretes Arzneimittel beziehen, liegt stets Absatzwerbung vor. Die jeweilige

---

205 *Doepner* (2000), S. 89
206 *Gehring* (1992), S. 111
207 Vgl. amtliche Begründung zum HWG, BT-Drucks. IV/1867, S. 5
208 *Doepner* (2000), S. 89

Werbemaßnahme muss folglich nach ihrem Gesamterscheinungsbild, wie es sich dem angesprochenen Publikum präsentiert, daran gemessen werden, ob ein konkretes oder zumindest individualisierbares Arzneimittel im Fokus steht.[209] Der Zweck, den der Werbetreibende mit der Werbung verfolgt oder die Personenkreise, an die sich die Werbung richtet, sind in diesem Zusammenhang unbeachtlich.[210]

Werbung, die keinen Produktbezug aufweist, wird von diesem Verbot nicht erfasst. In zunehmendem Maße erscheinen Anzeigen in der Publikumspresse, in denen die Hersteller – ohne einen Produktnamen zu nennen – über bestimmte Krankheitsbilder aufklären und den Patienten empfehlen, für weitere Information den Arzt aufzusuchen. Bislang wurden solche Werbemaßnahmen seitens der Aufsichtsbehörde und der Gerichte nicht beanstandet, auch wenn im Hintergrund oft verschreibungspflichtige Arzneimittel stehen. Oberflächlich betrachtet fehlt es hier am Merkmal der „Produktbezogenheit", um von einem Verstoß gegen das Verbot der Publikumswerbung sprechen zu können. Da jedoch in vielen Fällen die angesprochenen Verkehrskreise auch ohne die konkrete Nennung eines Produktnamens auf ein bestimmtes verschreibungspflichtiges Arzneimittel schließen, bewegen sich derartige Werbekampagnen zumeist wohl in einer „rechtlichen Grauzone".

Der europäische Gesetzgeber hingegen liefert mehrere amtliche Definitionen des Begriffes Werbung und seiner Sonderformen.[211] In der ersten Richtlinie über die Werbung für Humanarzneimittel wird konkret der Begriff der Arzneimittelwerbung definiert. Hiernach gelten alle Maßnahmen zur Information, zur Marktuntersuchung[212] und zur Schaffung von Anreizen mit dem Ziel, die Verschreibung, die Abgabe, den Verkauf oder den Verbrauch von Arzneimitteln zu fördern als Arzneimittelwerbung. In einem anschließenden Beispielkatalog werden unter anderem die Öffentlichkeitswerbung für Arzneimittel, die Arzneimittelwerbung und der Vertreterbesuch bei Ärzten oder Apothekern, die Musterabgabe und das Sponsoring genannt.[213] Diese Definition wurde unverändert

---

209 Indizien für eine Produktbezogenheit können unter anderem ein spezifisches Vorverständnis des Publikums, der Name des werbenden Unternehmens, die Enge des fraglichen Marktes, eine hohe Marktbekanntheit, bildliche Produktsymbole, Indikationsangaben sowie sonstige Wirkungs- und Anwendungsumschreibungen sein.

210 Zur Definition, Auslegung und Abgrenzung des Werbebegriffs, vgl. *Doepner* (2000), S. 87 – 115, m.w.N.

211 Z.B. Art. 2 Nr. 1 der RiLi 84/450/EWG über irreführende Werbung; Art. 1 lit. c der RiLi 89/552/EWG über die Ausübung der Fernsehtätigkeit.

212 Mit dem Begriff „Marktuntersuchung" dürfte „Kundenansprache" gemeint sein; hier wurde die Richtlinie unzulänglich übersetzt; vgl. *Doepner* (2000), S. 90

213 Art. 1 Abs. 3 RiLi 98/28/EWG

in den Gemeinschaftskodex für Humanarzneimittel übernommen.[214] Auch hier steht die absatzfördernde Werbung mit konkretem Produktbezug im Vordergrund.

4.5. Produktinformation und Werbung

(Arzneimittel-)Informationen sind nach Gehring das Wissen um Hintergründe und Verwendungen eines Arzneimittels.[215] Sie umfassen also sowohl Basisinformationen, die die therapeutischen Grundlagen und deren Umfeld betreffen, als auch Anwendungsinformationen, die das Wissen und Können der Hersteller auf Dritte übertragen sollen, damit diese in der Lage sind, ein Arzneimittel korrekt einzusetzen.[216] Da jedoch diese Informationen, wenn sie gegenüber Dritten kommuniziert werden, auch absatzfördernde Wirkung entfalten können, wird im Heilmittelwerberecht zwischen Information und Werbung nicht unterschieden. Die heilmittelwerberechtlich relevante Absatzwerbung umfasst sowohl nach deutscher als auch nach europäischer Definition alle informationsvermittelnden Maßnahmen, die der Hersteller gegenüber der Öffentlichkeit unternimmt. Es wird nicht unterschieden, ob der Hersteller mit Informationen sachlich und objektiv aufklären will oder ob er mit Werbung einen absatzfördernden Zweck verfolgt.[217]

Ausnahmen von diesem Grundsatz wurden für die notwendigen Gebrauchsinformationen geschaffen – die so genannten Pflichtangaben. Sie fallen zwar zunächst auch unter den Begriff der Werbung, die Vorschriften über Heilmittelwerbung werden jedoch auf sie nicht angewendet.[218] Pflichtangaben sind die Angaben, die arzneimittelrechtlich für die Verpackung oder Packungsbeilage eines Arzneimittels vorgeschrieben oder gestattet sind.[219] So müssen in der Packungsbeilage neben dem Namen des Herstellers insbesondere die Bezeichnung, die Wirkstoffe, die Anwendungsgebiete, die Gegenanzeigen und die möglichen Nebenwirkungen des Arzneimittels genannt werden.[220] Darüber hinaus erlaubt § 11 Abs. 1 S. 2 AMG aber auch verdeutlichende und erläuternde Hinweise zu den einzelnen Pflichtangaben, die dem besseren Verständnis dieser Angaben dienen sollen; diese gehen oftmals auf Vorgaben des BfArM zurück.

---

[214] Art. 86 Abs. 1 RiLi 2001/83/EG, zuletzt geändert durch RiLi 2004/27/EG

[215] Vgl. *Gehring* (1992), S. 111

[216] Vgl. *Gehring* (1992), S. 111 f.

[217] Eine solche Unterscheidung zwischen sachlicher Information und Wirtschaftswerbung wurde früher praktiziert, vom BGH jedoch mittlerweile aufgegeben (vgl. Nachweise bei *Doepner* (2000), S. 90, 91)

[218] Vgl. Art. 86 Abs. 2, 1. Spiegelstrich RiLi 2001/83/EG

[219] § 10 AMG Kennzeichnung der Fertigarzneimittel, § 11 AMG Packungsbeilage

[220] § 11 Abs. 1 AMG

Auch freiwillige weitere Angaben sind dem Hersteller in der Packungsbeilage gestattet, soweit sie mit der Verwendung des Arzneimittels in Zusammenhang stehen und für die gesundheitliche Aufklärung wichtig sind.[221] Die Grenzen sind hier trotzdem relativ eng gesteckt und alle weiterreichenden produktbezogenen Angaben und Darstellungen auf Packungen und in Packungsbeilagen, die über den gesetzlich vorgeschriebenen bzw. erlaubten Rahmen hinausgehen, stellen eine heilmittelwerberechtlich relevante Absatzwerbung dar. Es kommt hierbei nicht darauf an, ob die Aussagen anpreisend oder sachlich-informativ gehalten sind.[222]

Dies bedeutet, dass die Informationen aus der Packungsbeilage nur dann nicht unter den Werbebegriff fallen, wenn sie in ihrer Funktion als Packungsbeilage verwendet werden, also nur dann, wenn sie der Arzneimittelpackung beiliegen und den Patienten unmittelbar zusammen mit dem Arzneimittel erreichen. Dort, wo ein Packungs- oder Packungsbeilagentext aus seiner Kennzeichnungsfunktion gem. §§ 10, 11 AMG herausgelöst wird und zu einem eigenständigen kommunikativen Medium transformiert wird, liegt i.S.d. Gesetzes wieder Werbung vor. Wenn also Teile des Packungs- oder Packungsbeilagentextes kommunikativ verselbständigt werden, etwa als Bestandteil einer Anzeige, in einem Apothekenschaufenster oder als Werbesendung, und damit nicht mehr unmittelbar zusammen mit dem betreffenden Arzneimittel den Patienten erreichen, werden sie grundsätzlich als Werbung betrachtet.[223] Die Patienten dürfen also vom Hersteller erst dann über den Gebrauch und die Anwendung eines Arzneimittels informiert werden, wenn das Arzneimittel in ihren Besitz gelangt.[224]

Darüber hinaus sind auch Schriftwechsel und Unterlagen, die nicht Werbezwecken dienen und die zur Beantwortung einer konkreten Anfrage zu einem bestimmten Arzneimittel erforderlich sind, vom Gesetz ausgenommen.[225] Dieser Ausnahmetatbestand ist allerdings eng auszulegen, so dass hier stets ein konkretes Interesse von Seiten des Patienten vorliegen muss.

Zusammenfassend bleibt festzuhalten, dass grundsätzlich alle Angaben und Informationen über ein Arzneimittel, die der Hersteller den Patienten zukommen lässt, als Werbung angesehen werden. Ausgenommen hiervon sind le-

---

[221] Soweit sie den Fachinformationen (gem. § 11 a AMG ausführliche Gebrauchsinformationen für Fachkreise) nicht widersprechen, vgl. *Doepner* (2000), S. 584

[222] Vgl. *Doepner* (2000), § 10 Rn. 15 m.w.N.

[223] Allerdings erlauben manche Gerichte die Veröffentlichung der Packungsbeilage im Internet, vgl. Kap. 4.6.

[224] Das Zusenden einer (Ersatz-)Packungsbeilage auf eine konkrete Patientenanfrage hin wird ebenfalls nicht als Absatzwerbung klassifiziert, vgl. Art. 86 Abs. 2, 2. Spiegelstrich RiLi 2001/83/EG sowie § 1 Abs. 5 HWG

[225] Vgl. § 1 Abs. 5 HWG; sowie Art. 86 Abs. 2, 2. Spiegelstrich RiLi 2001/83/EG

diglich die Angaben auf der Packung und in der Packungsbeilage in gesetzlich erlaubtem Umfang, sowie zusätzliche gebrauchssichernde Hinweise, wenn sie zusammen mit dem Arzneimittel oder auf Verlangen dem Patienten übergeben werden. Diese weite Definition des Werbebegriffs macht es in den Fällen, in denen die Publikumswerbung verboten ist, namentlich bei verschreibungspflichtigen Arzneimitteln, für den Hersteller unmöglich, die Öffentlichkeit bzw. den einzelnen Patienten über sein Arzneimittel vorab zu informieren.[226] Dies gilt unabhängig davon, welche Qualität die Informationen des Herstellers haben. Selbst wenn sie objektiv, sachlich und, im Falle der Packungsbeilage, sogar behördlich überprüft sind, werden sie als Werbung verboten.

4.6. Aktuelle Entwicklungen auf dem Gebiet der Publikumswerbung

Im folgenden Abschnitt soll ein kurzer Überblick über aktuelle und absehbare Entwicklungen auf dem Rechtsgebiet der Publikumswerbung geben werden. Hierbei zeigt sich, dass auf diesem Gebiet gegenwärtig vielfältige Entwicklungen und Veränderungen stattfinden.[227]

Bemerkenswert ist zunächst auf europäischer Ebene ein Vorstoß der Europäischen Kommission aus dem Jahre 2001. Nur kurze Zeit nach Inkrafttreten der Richtlinie 2001/83/EG veröffentlichte die Kommission einen Vorschlag zur Änderung dieser Richtlinie.[228] Hierdurch wollte die Kommission unter anderem das Informationsangebot für verschreibungspflichtige Arzneimittel versuchsweise erweitern. Den Arzneimittelherstellern sollte in einem engen Rahmen die Möglichkeit gegeben werden, die Öffentlichkeit über ihre Arzneimittel zu informieren. Diese versuchsweise Freigabe von Publikumswerbung – sogar im Sinne der „Push-Situation" – sollte auf drei Klassen von Arzneimitteln, nämlich Arzneimittel zur Behandlung von AIDS, Asthma und Diabetes beschränkt sein.[229] Die Kommission unterschied hier eindeutig zwischen den Begriffen ‚Information' und ‚Werbung' und stellte klar, dass diese Information *„nicht als Werbung oder direkte Verkaufsförderung verstanden werden [darf]."*[230] Ihren Vorschlag begründete die Kommission mit der allgemeinen Verbreitung der neuen Informationstechnologien und der damit einhergehenden wachsenden In-

---

226 „Diese Bestimmung [das Publikumswerbeverbot in der EU] ist dahingehend verstanden worden, dass sie gleichzeitig jede Form von Information der Öffentlichkeit verbiete und lediglich die Werbung und Informationen gegenüber Angehörigen medizinischer Berufe zulasse.", 2001/0253 (COD), Vorschlag der EU-Kommission zur Änderung der RiLi 2001/83/EG

227 Einen Überblick über die Situation in Europa geben *Harms/Drüner* (2003c), S. 229 - 232

228 2001/0253 (COD), Vorschlag der EU-Kommission zur Änderung der RiLi 2001/83/EG

229 2001/0253 (COD), Artikel 1, Nr. 54

230 2001/0253 (COD), S. 98

formationsnachfrage durch die Verbraucher. Somit müsse man im Interesse der Verbraucher unter strengen Bedingungen Informationen über bestimmte Arzneimittel genehmigen – eben um den Bedürfnissen und legitimen Erwartungen der Verbraucher zu entsprechen.[231]

Zwar erkennen sowohl das Europäische Parlament, als auch der Wirtschafts- und Sozialausschuss (WSA) der Europäischen Union eine deutliche Verbesserung der Patienteninformationsmöglichkeiten als dringend notwendig an und fordern Verbesserungen auf diesem Gebiet,[232, 233] trotzdem beurteilten sie den Vorschlag der Kommission als ungeeignet. Es wurde insbesondere befürchtet, dass die von den Herstellern bereitgestellten Informationen zu stark in polarisierende Werbung ausarten und die Patienten hierdurch nicht sachlich informiert werden könnten. Probleme sah der WSA hier insbesondere im Zusammenhang mit der schwachen Durchsetzung von Kontrollmechanismen.[234] Zudem stellten sich auch einige Verbraucherverbände gegen diesen Vorstoß.[235]

Allerdings wurde in der Richtlinie 2004/27/EG eine Selbstverpflichtung der EU bezüglich der Revision der Vorschriften für Arzneimittelwerbung im Hinblick auf Patienteninformation eingebracht.[236] Die Kommission soll bis Mitte des Jahres 2007 einen Bericht über die gegenwärtigen Praktiken der Arzneimittelinformation vorlegen, um dann gegebenenfalls Vorschläge für eine Informationsstrategie zu erarbeiten, die eine hochwertige, objektive, zuverlässige und werbungsfreie Information über Arzneimittel sicherstellt.[237] Die Ergebnisse dieses Berichts und seine Auswirkungen bleiben abzuwarten.

Ein Bedürfnis des Patienten nach mehr Informationen über Arzneimittel erkennt auch der deutsche Gesetzgeber an und sieht hierbei auch in den Arzneimittelherstellern wichtige Partner. So heißt es in einem Gesetzesentwurf des Bundesrates für ein Gesetz zur Änderung des HWG: *„Die Möglichkeiten, außerhalb der Fachkreise über nicht verschreibungspflichtige Arzneimittel zu informieren beziehungsweise für diese zu werben, sollen ausgeweitet werden.“*[238]

---

231 Vgl. auch: *Liikanen* (2001), S. 6

232 Begründung zu 20) f. des Standpunktes des Europäischen Parlamentes im Hinblick auf die Änderung der RiLi 2001/83/EG. (ABl. C 300 E, S. 353)

233 2003/C 61/01, Stellungnahme des Wirtschafts- und Sozialausschusses zu dem „Vorschlag für eine Richtlinie des Europäischen Parlaments und des Rates zur Änderung der RiLi 2001/83/EG zur Schaffung eines Gemeinschaftskodexes für Humanarzneimittel“, Nr. 4.6. ff, .ABl. C 61 vom 14.03.2003

234 2003/C 61/01, Nr. 4.6.4.1.

235 *Watson* (2001), S. 889

236 Art. 1 Nr. 63 RiLi 2004/27/EG

237 Vgl. Art. 88a der RiLi 2001/83/EG, eingeführt durch Art. 1 Nr. 63 RiLi 2004/27/EG

238 Bundesrat, Drucksache 547/04 (Beschluss), vom 24.09.2004, S. 1, auf Antrag der Länder Baden-Württemberg und Hessen, 547/1/04 vom 01.07.2004

Da die Publikumswerbung in Deutschland jedoch nicht in einem weiteren Maße zulässig sein darf, als es die europäische Richtlinie 2001/83/EG erlaubt, hatten die hier vorgeschlagenen Änderungen nur den Zweck, die deutschen Vorschriften auf das europarechtlich-zulässige Maximum auszudehnen. In diesem Zuge sollte der Katalog von Indikationen, für die nach § 12 HWG außerhalb der Fachkreise nicht geworben werden darf[239], gänzlich durch allgemein formulierte Vorgaben ersetzt werden.[240] Schlussendlich wurde der Katalog von Indikationen zwar beibehalten, jedoch wurde er deutlich verkürzt, so dass die grundsätzliche Tendenz – eine Ausweitung der Informationsmöglichkeiten – beibehalten wurde. Zudem sollte durch den Änderungsentwurf die Packungsbeilage nicht-verschreibungspflichtiger Arzneimittel aus dem Anwendungsbereich des Heilmittelwerberechts ausgeklammert werden[241], damit diese verstärkt zur Information der Patienten über Arzneimittel eingesetzt werden kann.[242] Diese Änderung wurde vom Bundestag jedoch nicht angenommen.[243]

Werbebeschränkungen bei anderen Leistungen des Gesundheitssektors sind in den vergangenen Jahren ebenfalls spürbar liberalisiert worden. Zum Beispiel im Bereich der Medizinprodukte[244] ist in einer Gesetzesnovelle zur Erhöhung der Markttransparenz auf ein Verbot der Publikumswerbung verzichtet worden.[245] Hier ist der allgemeine Trend, bei Werbung die Interessen der betroffenen Marktgegenseite vorrangig zu berücksichtigen, zu verzeichnen.[246]

Eine vergleichbare Akzentverschiebung hin zu einer Betonung der Patienteninformationsrechte hat es auch bei den ärztlichen Werbebeschränkungen gegeben. Aus ähnlichen Überlegungen wie beim Arzneimittelwerbeverbot heraus unterliegen auch Ärzte einem Werbeverbot. Man will hierdurch die Patienten vor einer unsachlichen Beeinflussung schützen, denn gerade kranke Menschen zeigen oft große Verunsicherungen was die Widerherstellung ihrer Gesundheit anbelangt. Nunmehr hat sich jedoch die Ansicht durchgesetzt, dass dieses Wer-

---

239 Vgl. Kap. 4.2.2. a.E.

240 Bundesrat, Drucksache 547/04, vom 24.09.2004, S. 1, 2 f.

241 Bundesrat, Drucksache 547/04 (Beschluss), vom 24.09.2004, S. 2

242 Erklärung von Ministerin Tanja Gönner (Baden-Württemberg) zum Gesetzesentwurf des Bundesrates für ein Gesetz zur Änderung des HWG, Bundesrat, Plenarprotokoll 803, Anlage 11, S. 476

243 Siehe BT-Drucks. 15/5728, S. 76

244 Medizinprodukte sind Instrumente, Apparate, Vorrichtungen, Stoffe oder andere Gegenstände zur Erkennung, Verhütung, Überwachung, Behandlung oder Linderung von Krankheiten; vgl. § 3 Abs. 1 MPG

245 In Art. 2 des Zweiten Gesetzes zur Änderung des MPG vom 13.12.2001 (BGBl. I S. 3586) sind etliche, vom Arzneimittelrecht stark abweichende Sonderregelungen im HWG hinsichtlich der Werbung für Medizinprodukte erfolgt.

246 *Barth* (2003a), S. 576

beverbot sich nur auf so genannte berufswidrige Werbung[247] erstrecken soll. Hierunter versteht man Werbung, die über eine sachliche Information hinausgeht, also vor allem falsche, irreführende oder vergleichende Werbung.[248] Ärztliche Werberegelungen sollen folglich auch dem Zweck dienen, dem Patienten eine freie Arztwahl zu ermöglichen. Dementsprechend hat es in der ärztlichen Musterberufsordnung 2000 eine wichtige Modifikation gegeben, welche dem Arzt erstmalig ausdrücklich das Recht einräumt, die Patientenöffentlichkeit über seine ärztliche Tätigkeit in sachlicher Form zu informieren.[249,250]

Eine neuere Entwicklung in der Rechtsprechung erlaubt das Verfügbarhalten von Packungsbeilagentexten auch für verschreibungspflichtige Arzneimittel auf der Internetseite des Herstellers.[251] Das LG München sowie das OLG München vertreten hierbei die Auffassung, dass eine Packungsbeilage für ein Arzneimittel aufgrund der zahlreichen Warnhinweise objektiv nicht geeignet ist, den Absatz des Arzneimittels zu fördern. Die Veröffentlichung von Medikamentenverpackungen und Gebrauchsinformationen verstößt damit nach Ansicht der Gerichte nicht gegen § 10 des HWG. Erklärtes Ziel der Packungsbeilage sei es vielmehr, die Gesundheit der Patienten zu schützen. Da die entsprechenden Informationen nur bei Eingabe des jeweiligen Produktnamens aufgerufen werden könne, müsse der Interessent den Produktnamen bereits kennen. Wenn also der interessierte Patient gezielt die Information unter dem Produktnamen abfragen müsse, gebe es keinen vernünftigen Grund, den Patienten sachliche Produktinformation vorzuenthalten, die gesetzlich vorgeschrieben seien. Die Richter des LG München bringen die Problematik zutreffend auf den Punkt: *„Eine Gebrauchsinformation wird nicht dadurch zur Gefahr für Patienten, dass sie statt auf Papier gedruckt im Internet abrufbar ist.“*[252] In diesem Zuge legt z.B. auch Schweden das bestehende europäische Werbeverbot eng aus und ermög-

---

[247] Vgl. Teil B § 27 Abs. 3 der (Muster-) Berufsordnung für die deutschen Ärztinnen und Ärzte (MBO-Ä 1997) in der Fassung der Beschlüsse des 100. Deutschen Ärztetages 1997 in Eisenach, zuletzt geändert durch die Beschlüsse des 107. Deutschen Ärztetages 2004 in Bremen, (http://www.bundesaerztekammer.de/30/Berufsordnung/Mbopdf.pdf), zuletzt besucht am: 26.05.2006

[248] Vgl. *Ehlers/Heiss* (2004), S. 235; *Barth* (2003a), S. 576

[249] *Barth* (2003a), S. 576

[250] Ausführlich zum ärztlichen Werberecht siehe: *Häser* (2005); *Ehlers/Heiss* (2004); Bundesärztekammer - Hinweise und Erläuterungen zu den §§ 27 ff. der (Muster) Berufsordnung, (http://www.bundesaerztekammer.de/30/Berufsordnung/12Arztwerbung.html), zuletzt besucht am: 26.05.2006

[251] OLG München, Urteil vom 06.05.2004, 6 U 5565/03, Pharma Recht 2004, S. 308; LG München, Urteil vom 6. 11. 2003, 17 HKO 7494/03, Pharma Recht 2004, S. 114

[252] LG München, a.a.O., S. 117

licht so eine allgemein zugängliche Produktpräsentation verschreibungspflichtiger Arzneimittel mit den Angaben aus der Packungsbeilage im Internet.[253]

Das LG Hamburg vertritt in einer gleichgelagerten Entscheidung allerdings eine gegenteilige Ansicht.[254] Unter Zugrundelegung des weiten Werbebegriffs, der jegliche Informationsvermittlung von den Herstellern an die Patienten umfasst, sieht das Gericht auch sachliche Online-Publikationen als unzulässige Werbung an. Es betont dabei die Bedeutung des Verbotes für die Volksgesundheit sowie die mit einem erhöhten und nicht indizierten Arzneimittelverbrauch verbundenen Gefahren.

Diese aktuellen Entwicklungen zeigen, dass sich diese Gesetzesmaterie gegenwärtig in Bewegung befindet. Die jeweiligen Gesetzgeber beginnen nach und nach, dem gesteigerten Informationsbedürfnis der Patienten auch bei verschreibungspflichtigen Arzneimitteln Rechnung zu tragen, nachdem sie die Notwendigkeit besserer Informationsmöglichkeiten nun schon lange erkannt haben.[255] In der Rechtsprechung bestehen ebenfalls Tendenzen die bestehenden Werbeverbote dahingehend auszulegen, dass die gezielte und sachliche Arzneimittelinformation durch die Hersteller von ihnen nicht erfasst wird. Jedoch sind diese Tendenzen in der Bundesrepublik uneinheitlich. Somit wäre es hier zu begrüßen, wenn diese Frage alsbald dem EuGH, der auf diesem Rechtsgebiet die oberste Instanz darstellt, als Vorabentscheidung[256] zur Auslegung vorgelegt würde.[257]

---

253 *Barth* (2003b), S. 653; Ein Überblick über den Umgang mit Arzneimittelinformationen in den einzelnen EU-Staaten bietet Norris (2004), S. 11 ff..

254 LG Hamburg, Urteil vom 3. 2. 2005, 315 O 303/04, bislang nicht veröffentlicht

255 *Norris* (2004), S. 11 f.

256 Verfahren gem. Art. 234 EG

257 *Lorz* (2005), S. 908

5. Warum Informationen auch vom Hersteller kommen sollten

5.1. Gründe für bessere Informationsmöglichkeiten

Herausgearbeitet wurde bisher, dass der Patient umfassende Arzneimittelinformationen auch zu verschreibungspflichtigen Präparaten benötigt. Zusätzlich hat der Patient auch Interesse an Arzneimittelinformationen.

Zwar gibt es verschiedene Informationsquellen, aus denen sich Patienten vor einem Arztbesuch selbst über Arzneimittel informieren können.[258] Jedoch sind gänzlich unabhängige und damit objektive Quellen rar und meist teuer. Informationsquellen von anderen Marktbeteiligten liefern zwar regelmäßig auch für die Patienten verlässliche Informationen, informieren jedoch auch oft mit einer bestimmten Blickrichtung. Die meisten der kostenlosen Internetquellen weisen hingegen oftmals erhebliche Defizite im Hinblick auf Verlässlichkeit auf. Die Europäische Kommission nennt die qualitative Verbesserung der den Patienten zur Verfügung gestellten Informationen und die Förderung der Entwicklung anerkannter vertrauenswürdiger Quellen für Arzneimittelinformationen als wichtige Ziele zur Förderung des Wohls der Patienten. Hierbei betont sie, dass qualitativ hochwertige Informationen objektiv, umfassend, verständlich, präzise und aktuell sein müssen.[259]

Die Hersteller der betreffenden Arzneimittel stellen eine Instanz dar, die alle Informationen und Daten über ihre Produkte besitzt. Zudem besitzen sie ausreichend Fachkenntnisse und verfügen über die nötigen finanziellen Mittel, um den Patienten kostenlose Informationen zur Verfügung zu stellen. Sie haben also gute Voraussetzungen, um über ihre Produkte informieren zu können. Gehring stellt hierzu fest: *„(...) [N]iemand weiß besser über die Medikamente Bescheid als derjenige, der sie erfunden, entwickelt und erprobt hat. Niemand kann deshalb besser über sie informieren als der Hersteller, (...)"*.[260] Vor diesem Hintergrund ist erstaunlich, dass es dem Patienten nach geltendem Recht ausgerechnet verwehrt sein soll, beim Hersteller des betreffenden verschreibungspflichtigen Arzneimittels um Informationen nachzufragen, bzw. dass es dem Hersteller verwehrt sein soll, die angefragten Informationen zu liefern. Eine Berücksichtigung dieser Information ist zumindest – aus Sicht der Hersteller – ein Gebot der Gleichbehandlung und – aus Sicht der Patienten – ein Gebot der Fairness, dem Patienten diese Informationen nicht ohne Not vorzuenthalten. Wenn man der Korrektheit, Vollständigkeit oder Ausgewogenheit der vom Hersteller an interessierte Patienten zu liefernden Informationen misstraut, so ist es kein Problem,

---

[258] Dies sind z.B. Nachschlagewerke, Datenbanken, Broschüren oder Internetseiten

[259] Europäische Kommission (2003), S. 8

[260] *Gehring* (1992), S. 112 f.

Arzneimittelhersteller per Gesetz zu verpflichten, angefragte Informationen in ganz bestimmter, überprüfbarer Art und Güte bereit zu stellen.

Mit Sicherheit dürfen die Patienten nicht ausschließlich von den Herstellern über Arzneimittel informiert werden, denn gerade auf diesem Sektor ist es von größter Bedeutung, dass die Informationen ‚fair-balanced', also ausgewogen sind. Die Patienten sollten jedoch die Möglichkeit haben, sich sowohl beim Hersteller, bei den Krankenkassen, bei ihren Ärzten und Apothekern und zudem über unabhängige Quellen, wie z.B. die Stiftung Warentest, über Arzneimittel zu informieren, um sich einen Gesamtüberblick zu verschaffen. Informationen des Herstellers sollen folglich nur zur Vervollständigung des Informationsangebotes für den Patienten dienen.

Auch die Patienten sind gegenüber Herstellerinformationen positiv eingestellt. Eine Studie aus dem Jahr 2002 befragte Patientenorganisationen in der gesamten EU nach ihrer Einstellung bzw. der Einstellung der Patienten zu Arzneimittelinformationen.[261] Hierbei zeigte sich, dass 50% der befragten Organisationen es befürworten würden, wenn Arzneimittelhersteller die Möglichkeit hätten, die Patienten direkt mit mehr Informationen über verschreibungspflichtige Arzneimittel zu versorgen. Sie fordern aber zum großen Teil gleichzeitig, dass diese Informationsmöglichkeiten reguliert und streng überwacht werden müssen. Weitere 41% der befragten Patientenorganisationen waren unschlüssig in Bezug auf gelockerte Informationsmöglichkeiten, bzw. sprachen sich dafür aus, dass die EU die Angelegenheit weiter prüfen solle und lediglich 9% nahmen eine ablehnende Haltung gegenüber mehr Patienteninformation durch die Hersteller ein.[262]

Eine repräsentative Befragung unter Verbrauchern in Deutschland hat gezeigt, dass sich ein Viertel der Befragten zumindest gelegentlich für Arzneimittelwerbung interessiert.[263] *„Demnach wird die Werbung zu einem nicht zu vernachlässigenden Teil bewusst wahrgenommen."*[264] Etwa 88% der Befragten sprachen sich dafür aus, dass in Werbemaßnahmen für Arzneimittel stets auch Angaben zu (wichtigen) Nebenwirkungen und Gegenanzeigen gemacht werden sollten. Das zeigt, dass sich Patienten mit dem obligatorischen Satz: „Zu Risiken und Nebenwirkungen lesen Sie die Packungsbeilage und fragen Sie Ihren Arzt

---

[261] International Alliance of Patients' Organizations (2002)

[262] International Alliance of Patients' Organizations (2002), S. 68

[263] *Puteanus* (2000) – Telefonisch durchgeführte Befragung des Landesinstitutes für den Öffentlichen Gesundheitsdienst des Landes Nordrhein-Westfalen zum Thema Arzneimittelwerbung und Arzneimittelinformation für Verbraucher.

[264] *Puteanus* (2000), S. 518

oder Apotheker"[265] nicht ausreichend informiert fühlen. Sie wünschen sich weitergehende Angaben.

Sachliche Gründe, warum diese Kommunikation nicht stattfinden sollte, sind nicht ersichtlich. Das Gesundheitssystem wird selbst nicht mit Kostensteigerungen durch unnötigen Arzneimittelkonsum belastet. Die Kosten könnten hier durch derartige Informationsmaßnahmen nur dann steigen, wenn entweder die Preise der beworbenen Arzneimittel angehoben würden, oder diese Arzneimittel unnötigerweise verordnet würden. Dass dies nicht zu befürchten steht, sondern das Gesundheitssystem auf diese Weise vielmehr optimiert werden könnte, wird später gezeigt. Eine gesundheitliche Gefährdung der Patienten ist ebenfalls nicht ersichtlich.[266]

Schlimmstenfalls steht zu befürchten, dass die Ärzte nicht davon angetan sind, wenn ihre Patienten sie künftig mit noch mehr Fragen und eigenen Vorstellungen konfrontieren. Von der Fachkunde eines Arztes muss jedoch erwartet werden, dass sie auch Diskussionen mit Patienten verträgt, die über mehr Informationen verfügen, als dies in „früheren Zeiten" der Fall war. Im Übrigen sind Ärzte Erbringer von qualifizierten Dienstleistungen, wie man sie vom Niveau her auch in anderen Bereichen findet, und auch dort werden die Auftragnehmer nicht vor eventuell schwierigen Fragen ihrer Kunden geschützt.

Es sind also keine stichhaltigen Argumente ersichtlich, die dagegen sprechen, das strikte Verbot der Publikumswerbung zu lockern und den Patienten auch durch die Hersteller Arzneimittelinformationen zugänglich zu machen.

5.2. Praxisbeispiele erlaubter Publikumswerbung: USA und Neuseeland

Zum Nachweis, dass die hier diskutierte Lockerung des Verbotes im Sinne der „Pull-Situation" realisierbar ist, soll gezeigt werden, dass offensichtlich sogar umfassendere Werbemöglichkeiten, die sogar einen aktiven Werbe-Part der Arzneimittelhersteller erlauben („Push-Situation"), ohne gravierende Probleme funktionieren können. Zu diesem Zweck sollen zwei Praxisbeispiele, die eine „Push-Situation" umgesetzt haben, vorgestellt werden.

Die Vereinigten Staaten von Amerika (USA) und Neuseeland sind die einzigen hochentwickelten Länder, die Publikumswerbung auch für verschreibungspflichtige Arzneimittel erlauben.[267] Hierbei unterscheiden sich diese beiden Länder in der Ausgestaltung und den Rahmenbedingungen für Publikumswerbung jedoch erheblich. Der folgende Abschnitt soll nur einen kurzen Über-

[265] Dieser Satz ist vorgeschrieben für eine Arzneimittelwerbung außerhalb der Fachkreise, vgl. § 4 Abs. 3 S. 1 HWG

[266] Vgl. Kap. 6.1.3.

[267] Vgl. z.B. *Calfee* (2005), Chart 2

blick über die Situation in den beiden Ländern geben, da eine ausführliche Darstellung der Gesundheitssysteme der betreffenden Länder sowie deren Regulierungen für Publikumswerbung nicht Gegenstand dieser Arbeit sein kann.

5.2.1. Vereinigte Staaten von Amerika

5.2.1.1. Gesundheitssystem

Die USA stellen eine der größten Wirtschaftsmächte der heutigen Welt dar. Für die pharmazeutische Industrie sind die USA ein zentraler Markt. Acht der dreizehn größten Pharmakonzerne haben ihren Sitz in den USA.[268] Zusammen mit dem Wirtschaftswachstum wächst auch der Gesundheits- und Arzneimittelmarkt der USA stetig.[269] Mittlerweile wird in keinem Land der Welt anteilig soviel für Gesundheit ausgegeben wie in den USA. Hier wurden 2003 15% des Bruttoinlandsproduktes (BIP) für Gesundheitsleistungen ausgegeben, während es in Deutschland nur 11,1%[270], im europäischen Durchschnitt sogar nur 8,4% waren.[271]

2003 entfielen in den USA jedoch nur 12,9% der gesamten Gesundheitsausgaben auf Arzneimittel.[272] Dieser Wert liegt deutlich unter dem europäischen Durchschnittswert, wo in 2003 etwa 16% der gesamten Gesundheitsausgaben für Arzneimittel ausgegeben wurden.[273] Trotzdem sind die Pro-Kopf-Ausgaben für Arzneimittel nirgendwo so hoch wie in den USA. Diese lagen hier in 2003 bei 728 US-$, dies sind nahezu 300 US-$ pro Kopf mehr als in Deutschland, wo die Ausgaben bei 436 US-$ lagen.[274]

Im amerikanischen Gesundheitssystem bezahlen die meisten Personen unter 65 Jahren selbst für ihre Gesundheitsversorgung. Dies geschieht entweder durch direkte Zahlungen oder durch private Versicherungen, die teilweise von den Arbeitgebern mit getragen werden.[275] Eine einheitliche, staatliche Kranken-

---

268 Bundesministerium für Wirtschaft und Arbeit (2004): *Wirtschaftsbericht – Zukunftsfaktor* Innovationen, Berlin, S. 33

269 Der Pharmamarkt der USA ist zwischen 1998 und 2002 um etwa 70% gewachsen; Quelle: Bundesministerium für Wirtschaft und Arbeit (2004): *Wirtschaftsbericht – Zukunftsfaktor Innovationen*, Berlin, S. 34

270 Quelle: OECD Health Data 2005

271 EFPIA (2005), S. 24

272 Quelle: OECD Health Data 2005

273 Bezogen auf die EU15; Quelle: OECD Health Data 2005

274 Berechnet in Kaufkraftparitäten (PPP = Purchasing Power Parities); Quelle: OECD Health Data 2005

275 Private Versicherungen kommen in den USA für 37% der Gesundheitsausgaben auf, was den mit Abstand größte Anteil unter den OECD Ländern darstellt; Quelle: OECD Health Data 2005

pflichtversicherung gibt es hier nicht, was dazu führt, dass etwa ein Siebtel der jüngeren Bevölkerung unversichert ist.[276]

Für bestimmte Bevölkerungsteile existieren allerdings zwei große staatliche Versicherungsprogramme: Medicare und Medicaid. Medicare ist die Krankenversicherung für Menschen ab 65 Jahre und Körperbehinderte. Sie umfasst etwa 40 Millionen Mitglieder. Medicaid ist eine Krankenversicherung für Kinder, Eltern, Senioren und behinderte Menschen mit einem geringen Einkommen. Sie umfasst rund 51 Millionen Mitglieder und wird gemeinsam von der Bundesregierung und den Bundesstaaten finanziert. Jeder Bundesstaat ist verpflichtet, mit den von der Regierung gesetzten Regeln sein eigenes Medicaid-Programm zu verwalten. Auch hier werden die Kosten für ambulante Rezepte übernommen.[277]

Da die staatlichen Versicherungsprogramme nur bestimmte Bevölkerungsteile abdecken, werden in den USA nur etwa 44% der gesamten Gesundheitsausgaben öffentlich finanziert, während es im europäischen Durchschnitt etwa 75% sind.[278] Der Großteil der Gesundheitsausgaben wird in den USA folglich privat finanziert. In Bezug auf die Arzneimittelausgaben wurden 2003 in den USA sogar etwa 75% privat finanziert.[279]

5.2.1.2. Publikumswerbung

Der weitgehend privat finanzierte amerikanische Gesundheitsmarkt erscheint als die natürlichste Umgebung für Publikumswerbung für medizinische Güter einschließlich Arzneimitteln. So ist Werbung für medizinische Geräte, Ärzte und medizinische Serviceleistungen, wie z.B. Krankenhäuser, hier relativ normal. Publikumswerbung für Arzneimittel begann erstmals in den frühen 80er Jahren aufzutreten und entwickelte sich stetig weiter. So existieren keine Vorschriften, die irgendeine Form von Publikumswerbung generell verbieten. Es bestehen lediglich Vorschriften, die Anforderungen an den Inhalt und Form einer Werbung stellen.

Die Regulierungshoheit für Publikumswerbung liegt bei der Division of Drug Marketing, Advertising and Communications (DDMAC), einer Abteilung der Food and Drug Administration (FDA), einer Behörde, die unter anderem auch mit der Zulassung und der Kennzeichnung von Arzneimitteln betraut ist.

Die Aufgaben der DDMAC bestehen in der Überwachung der Einhaltung der Vorschriften über Publikumswerbung, in der Vorabkontrolle von Werbe-

---

276 *Hoek et al.* (2004), S. 200
277 BPI (2005b), S. 52
278 Bezogen auf das Jahr 2003 und die EU15; Quelle: OECD Health Data 2005
279 Quelle: OECD Health Data 2005

maßnahmen – allerdings auf freiwilliger Basis – und schlussendlich auch in der Durchsetzung der Vorschriften für Publikumswerbung.

Die Vorschriften für Publikumswerbung für verschreibungspflichtige Arzneimittel sollen im Folgenden kurz dargestellt werden. Der Federal Food, Drug, and Cosmetic Act (FFD&C Act) fordert, dass jede Werbung für ein verschreibungspflichtiges Arzneimittel auch den offiziellen Namen des Mittels, Informationen über die Inhaltsstoffe und eine Kurzzusammenfassung über Nebenwirkungen, Gegenanzeigen und Wirksamkeit des Arzneimittels enthalten muss.[280] Auf der Grundlage des FFD&C Acts hat die FDA zusätzlich noch Vorschriften (Regulations) erlassen, die die Anforderungen an die Werbung und die Kurzzusammenfassung genauer definieren.[281] Hiernach dürfen Arzneimittelwerbemaßnahmen grundsätzlich nicht irreführend sein, sie müssen deutlich werden lassen, dass für den Erwerb des Arzneimittels eine ärztliche Verschreibung notwendig ist und sie müssen den Patienten dazu anregen, seinen Arzt im Hinblick auf Therapiemöglichkeiten und Nebenwirkungen zu konsultieren. Weiterhin ist erforderlich, dass eine Werbung in ausgewogener Weise über Risiken und Nutzen (fair balanced) der Arzneimittel informiert.[282]

Im Hinblick auf die Angaben über Risiken des Arzneimittels unterscheiden die Regulations zwischen Werbung in Printmedien und Rundfunk- bzw. TV-Spots (print advertisement and broadcast advertisement). In einer Printwerbung für ein verschreibungspflichtiges Arzneimittel muss die o.g. Kurzzusammenfassung über die Nebenwirkungen (side effects), Gegenanzeigen (contraindications) und Wirksamkeit (effectiveness) des Mittels informieren. Die Informationen über Nebenwirkungen und Gegenanzeigen schließen hierbei auch Warnungen, Vorsichtsmaßnahmen, besondere Anmerkungen und wichtige Hinweise ein.

Bei Werbung in TV und Radio entfällt hingegen das Erfordernis der Kurzzusammenfassung. Hier müssen lediglich die wichtigsten Nebenwirkungen und Gegenanzeigen in der Werbung genannt werden.[283] In TV- und Rundfunk-Werbung muss zusätzlich angegeben werden, wo der Patient weitere Informationen über das Arzneimittel beziehen kann.[284]

Die DDMAC überwacht die Arzneimittelwerbung und Vermarktung und greift regulativ ein, wenn sie die Vorschriften für Publikumswerbung verletzt

---

280 Federal Food, Drug, and Cosmetic Act, Chapter V, Sec. 502 (n) [21 U.S.C. 352(n)]

281 Code of Federal Regulations, Title 21, Volume 4, Chapter 1, Section 202.1 – Prescription-drug Advertisements [21 CFR 202.1]

282 21 CFR 202.1 (e)(5)

283 21 CFR 202.1 (e)(1)

284 *Hoek et al.* (2004), S. 202 f.

sieht. Hierbei bedient sie sich zumeist eines Verwarnungsschreibens (warning letter) an den betreffenden Werbetreibenden, das den Verstoß näher beschreibt und bestimmte Maßnahmen anordnet. Solche Maßnahmen sind regelmäßig das Einstellen der unzulässigen Werbemaßnahme und in besonderen Fällen auch die Anordnung einer berichtigenden Werbemaßnahme durch den Hersteller.

Eine Vorabkontrolle der Werbemaßnahme durch die DDMAC erfolgt in der Regel lediglich auf freiwilliger Basis, also wenn die Werbetreibenden sich an die Behörde wenden.[285] Neben den Vorschriften der FDA bestehen zudem Selbstverpflichtungen der Arzneimittelhersteller, die ebenfalls Anforderungen an Publikumswerbemaßnahmen stellen.[286] Hierin verpflichten sich die Arzneimittelhersteller z.B. mit der Werbung für neue Arzneimittel solange zu warten, bis die Ärzte in einem ausreichenden Maße über diese Mittel informiert sind.[287]

5.2.1.3. Auswirkungen der Publikumswerbung

Welche Auswirkungen Publikumswerbung in den USA genau hat, ist umstritten. Konkret geht es hierbei um die Fragen nach den Auswirkungen von Publikumswerbung auf

- das Wissen und das Verhalten der Patienten,
- die Gesundheit der Patienten,
- das Verhältnis Arzt – Patient,
- die Arzneimittelausgaben und den Arzneimittelkonsum,

sowie um die Überwachung der Einhaltung der Vorschriften über Publikumswerbung.

Seit Freigabe der Publikumswerbung wurden viele Daten generiert und viele Untersuchungen durchgeführt, die zeigen sollten, ob und wie sich das amerikanische Gesundheitswesen durch Publikumswerbung verändert hat. Viele Studien wurden jedoch von unterschiedlichen Interessengruppen mit unterschiedlichen Zielsetzungen und Sichtweisen durchgeführt. Aus Gründen der Objektivität wird im Folgenden primär auf Studien zurückgegriffen, die die amerikanische Arzneimittelaufsichtsbehörde (FDA) oder andere staatliche Stellen selbst durchgeführt oder veröffentlicht haben.[288] Die Ergebnisse sollen nachfolgend kurz präsentiert werden.

---

285 21 CFR 202.1 (j)(4)

286 Vgl. z.B. PhRMA (2005); IFPMA (2000)

287 PhRMA (2005), Principle 6

288 Vgl. *Aikin* (2002); *Aikin* (2003); *Aikin* (2004)

5.2.1.3.1. Auswirkungen auf das Wissen und Verhalten der Patienten

Zunächst ist festzustellen, dass die überwiegende Mehrheit der Patienten Arzneimittelwerbung bewusst wahrnehmen. Das General Accounting Office (GAO)[289] veröffentlichte 2002 eine Übersicht über die bis zu diesem Zeitpunkt durchgeführten Studien über Publikumswerbung.[290] Sämtliche nach 1999 durchgeführten Studien zeigten, dass mindestens 70%, in der Regel sogar über 80% der befragten Patienten Publikumswerbung wahrgenommen haben. Die Studien der FDA zeigen zusätzlich, dass die Wahrnehmung der Publikumswerbung bei den Verbrauchern zwischen 1999 und 2002 sogar gestiegen ist.[291] Die größte Wahrnehmung finden mit 97% TV-Spots, gefolgt von Anzeigen in Magazinen mit 75%. Die Wahrnehmung von Werbemaßnahmen im Internet war zwar 2002 mit 16% noch vergleichsweise gering, ist jedoch gegenüber 1999 bereits stark angestiegen.[292] Durch die jeweiligen Werbemaßnahmen erlangten die Patienten Informationen über die beworbenen Arzneimittel. Bezogen auf TV-Spots konnten sich jeweils 90% der Befragten an Informationen über den Nutzen und die Risiken und Nebenwirkungen der Arzneimittel erinnern. 86 bis 89% erinnerten sich an Informationen darüber, für wen das beworbene Arzneimittel geeignet sei und wo sie weitere Informationen über das Präparat beziehen könnten.[293] Bei Printanzeigen ist die Wahrnehmung mit 75% bezogen auf Magazine zwar ebenfalls relativ hoch, jedoch scheinen die relevanten Informationen hier schlechter vermittelt zu werden. So geben nur 16% an, die ganze oder fast die ganze Kurzzusammenfassung der wichtigsten Produktmerkmale[294] gelesen zu haben. Dies scheint einerseits dadurch begründet, dass die Informationen in diesen Kurzzusammenfassungen nicht immer patientengerecht aufbereitet wurden. 55% geben an, dass die Kurzzusammenfassung für sie nur schwer zu verstehen sei.[295] Andererseits liegt es mit daran, dass die Patienten die Kurzzusammenfassung nur dann eingehend studieren, wenn sie sich für das Arzneimittel explizit interessieren. So gaben 45% der befragten Patienten an, die gesamte bzw. fast die gesamte Kurzzusammenfassung zu lesen, wenn sie sich für das Mittel interessieren.[296]

---

289 Das GAO ist der „investigative Arm“ des amerikanischen Kongresses und unterstützt diesen bei der Wahrnehmung seiner konstitutionellen Aufgaben.

290 GAO (2002), S. 28 f.

291 *Aikin* (2002), Slide 13 zeigt, dass 1999 nur 72% der befragten Patienten eine Arzneimittelwerbung wahrgenommen haben, während es 2002 bereits 81% waren.

292 *Aikin* (2002), Slide 14

293 *Aikin* (2002), Slide 15

294 Die so genannte ‚brief summary' nach 21 CFR 202.1(e)

295 *Aikin* (2002), Slide 17, 18

296 *Aikin* (2002), Slide 21

Die hohe Wahrnehmung der Patienten führt dazu, dass die Patienten, wenn sie durch Werbung auf ein Arzneimittel aufmerksam gemacht wurden, weitere Informationen zu diesem Mittel suchen.[297] Etwa 90% konsultieren für weitere Informationen, insbesondere über Nebenwirkungen, Risiken und Wechselwirkungen, ihren Arzt, 50% ihren Apotheker und bereits 38% suchen im Internet nach weiteren Informationen.[298] Insgesamt wurden 23% der Patienten durch die Werbung veranlasst mit ihrem Arzt über die Behandlung einer bestimmten Krankheit zu sprechen.[299]

5.2.1.3.2. Auswirkungen auf die Gesundheit der Patienten

Verlässliche Angaben über die Auswirkungen von vermehrter Arzneimittelwerbung und damit vermehrter Arzneimittel- und Krankheitsinformation auf die allgemeine Gesundheit der Patienten in den USA lassen sich noch nicht machen.

Trotzdem lassen die Studien der FDA einige Rückschlüsse zu. Scheinbar trug Arzneimittelwerbung dazu bei, die Patienten auf Krankheitssymptome aufmerksam zu machen und so etwaige Krankheiten früher zu bemerken. Etwa 20% gaben an, aufgrund einer Werbung mit ihrem Arzt erstmals über eine Krankheit gesprochen zu haben, zumeist weil sie glaubten, möglicherweise an der betreffenden Krankheit zu leiden. Wenn dies der Fall war, kamen diese Patienten so u.U. früher zu einer notwendigen Behandlung und konnten so eventuell schwerere Erkrankungen abwenden oder mildern. So berichten auch viele Ärzte, dass die Patienten durch Arzneimittelwerbung früher auf gesundheitliche Probleme aufmerksam werden, eine deutlich größere Kenntnis über die verfügbaren Therapien haben und sich aktiver um ihre Gesundheit kümmern und auf diese achten.[300]

Etwaige Effekte, die Arzneimittelinformationen auf das Gesundheitsverhalten und die Krankheitsprävention in der amerikanischen Bevölkerung haben, werden sich erst langfristig ermitteln und belegen lassen.

5.2.1.3.3. Auswirkungen auf das Verhältnis Arzt – Patient

Von allen befragten Patienten erwarteten zwar 42% bei einem Arztbesuch die Verschreibung eines Arzneimittels. Diese Erwartungshaltung hatten jedoch nur 10% aufgrund einer Werbung.[301] Trotzdem sprachen viele dieser 42% mit ihrem

---

297 43% gaben an durch Werbung veranlasst worden zu sein, weitere Informationen zu suchen; *Aikin* (2002), Slide 25

298 *Aikin* (2002), Slide 26, 27

299 *Aikin* (2002), Slide 28, 29, 34

300 *Aikin* (2003), Slide 38

301 *Aikin* (2002), Slide 42, 47

Arzt über eine bestimmte Behandlung und auch über bestimmte Arzneimittel. Die Patientenfragen wurden von etwa 90% der Ärzte positiv aufgenommen und führten zu einer Diskussion über das Arzneimittel. 20% der Patienten sahen in dieser Diskussion eine Verbesserung ihres Verhältnisses zum Arzt, während nur 2% eine Verschlechterung wahrnahmen.[302]

Auch 42% der von der FDA befragten Ärzte gaben an, dass die Werbemaßnahmen einen positiven Effekt auf das Behandlungsverhältnis hatte, da sie so besser mit dem Patienten diskutieren konnten und der Patient mehr Kenntnis von den zur Verfügung stehenden Therapiemöglichkeiten hatte.[303] Probleme im Zusammenhang mit Werbemaßnahmen sahen nur 18%. Die häufigsten Probleme waren hier der Zeitaufwand, um Missverständnisse auszuräumen und die Tatsache, dass der Patient das beworbene Arzneimittel gar nicht benötigte. Jedoch sind auch diese Probleme insgesamt gesehen eher selten, da die Ärzte berichten, dass etwa 90% der Patienten, die sich explizit über ein beworbenes Arzneimittel informieren wollten, auch an der Krankheit leiden, die das Mittel behandelt. Einen Druck der Patienten im Hinblick auf eine Verschreibung des beworbenen Präparates nahmen nur 5% der Ärzte wahr.[304] Schließlich baten auch nur ein Viertel aller Patienten den Arzt um ein bestimmtes Arzneimittel – allerdings unabhängig davon, ob sie es in einer Werbung gesehen hatten. Diese 25% umfassen folglich auch alle Patienten, die dasselbe Arzneimittel schon zuvor verschrieben bekommen hatten und den Arzt lediglich um eine Folgeverschreibung baten.

So berichten schließlich auch die Ärzte von einer Verbesserung ihres Verhältnisses zu den Patienten durch Arzneimittelwerbung, da die Patienten bessere und durchdachtere Fragen stellen und mit ihnen auch besser über Gesundheit diskutiert werden kann.[305] Die Mehrheit der Ärzte in den USA bewertet die Auswirkungen von Arzneimittelwerbung gegenüber den Patienten positiv.[306] Patienten, die ihren Arzt nach einer Verschreibung für ein konkretes Arzneimittel fragen, erhalten dieses Mittel öfter verschrieben, als Patienten, die nur allgemein nach einer Behandlung fragen. Jedoch leidet auch die überwiegende Mehrheit der Patienten, die nach einem bestimmten Mittel fragen, an der Krankheit, die das Mittel behandelt.[307]

---

302 *Aikin* (2002), Slide 36, 49 ff.

303 *Aikin* (2003), Slide 10, 11

304 *Aikin* (2003), Slide 12, 13, 16

305 *Aikin* (2003), Slide 38; *Aikin* (2002), Slide 55 f.

306 *Aikin* (2003), Slide 39, ***Weissman et al.*** (2004), S. 230

307 *Aikin* (2004), Slide 17

5.2.1.3.4. Auswirkungen auf die Arzneimittelausgaben

Die Arzneimittelpreise scheinen in den USA durch Publikumswerbung nicht angestiegen zu sein. Verschiedene Quellen zeigen, dass höhere Werbebudgets nicht in Form von höheren Preisen an die Patienten weitergegeben wurden.[308]

Hingegen sind in den USA die gesamten Arzneimittelausgaben sowie auch die pro Kopf Ausgaben in der Vergangenheit gestiegen. Die Arzneimittelausgaben haben sich hier zwischen 1998 und 2003 jährlich im Schnitt um 9,6% erhöht, während der OECD-Durchschnitt bei 6,1% lag.[309] Genau wie in Europa gibt es hierfür jedoch viele verschiedene Gründe. Zunächst ist auch hier die Verfügbarkeit von innovativen und – aufgrund hoher Entwicklungskosten – teuren Arzneimitteln zu nennen. Zudem hat sich der Konsum von Arzneimitteln erhöht. Auch dies hat mehrere Ursachen.

Zunächst ist hier die gestiegene Anzahl älterer Menschen zu nennen. Die durchschnittliche Lebenserwartung stieg in den USA von 1990 bis 2002 um fast zwei Jahre auf 77,3 Jahre.[310] Im Unterschied zu den meisten europäischen Staaten findet hier allerdings kein demographischer Wandel statt. Bei einer – vorwiegend durch Zuwanderung[311] – stetig wachsenden Bevölkerung blieb der Anteil der über 65-jährigen in der amerikanischen Bevölkerung zwischen 1990 und 2002 stetig bei etwa 12,5%.[312] Auch der steigende Wohlstand in den USA trägt zu der Erhöhung der Gesundheitsausgaben bei, da mit zunehmendem Wohlstand auch das Bedürfnis nach besseren und aufwändigeren Gesundheitsleistungen wächst. So erhöhten sich die Gesundheitsausgaben hier zwar nominell, in Prozent des BIP gerechnet sind sie jedoch nur geringfügig gestiegen.[313] In diesem Kontext ist zu sehen, dass die Arzneimittelausgaben in allen industrialisierten Ländern in den vergangenen Jahren mehr oder weniger stark gewachsen sind – unabhängig davon, ob in diesen Ländern Publikumswerbung erlaubt ist oder nicht.[314] Zudem gibt es in den USA, in Ermangelung eines staatlichen Gesundheitssystems, auch keine staatlichen Kostendämpfungsmaßnahmen, wie sie in

---

[308] Vgl. *Masia* (2003), Slide 6 – 9; *GAO* (2002), S. 11; *Rubin* (2003), S. 16; *Calfee* (2002), S. 16; PhRMA (2004), S. 7; Federal Trade Commission / Department of Justice (2004), Kap. 7, S. 21

[309] Quelle: OECD Health Data 2005

[310] Quelle: National Center for Health Statistics (2004): *Health, United States*, 2004, Hyattsville, S. 77

[311] Die Geburtenrate liegt in den USA stetig bei 2,1 Kindern pro Frau, was gerade ausreicht, um die Bevölkerung stabil zu halten; Quelle: WHO, World Health Report 2005 – statistics

[312] National Center for Health Statistics (2004): *Health, United States*, 2004, Hyattsville, S. 38; vgl. hierzu auch: WHO, World Health Report 2005 – statistics

[313] Quelle: WHO, World Health Report 2005 – statistics

[314] Quelle: OECD Health Data 2005

Europa zur Senkung der Arzneimittelausgaben üblich geworden sind.[315] Der Anstieg der Arzneimittelausgaben in den USA ist also primär eine Folge von technischem und wirtschaftlichem Fortschritt, höherer Lebenserwartung, steigendem Wohlstand und Präferenzverschiebungen innerhalb der Bevölkerung.

Ein übermäßiger Arzneimittelkonsum seitens der Patienten, wurde durch die vermehrte Publikumswerbung nicht ausgelöst.[316] Werbemaßnahmen für Arzneimittel können somit, wenn überhaupt nur zu einem geringen Teil für den gestiegenen Arzneimittelkonsum verantwortlich sein.[317]

5.2.1.4. Publikumswerbung in den USA – ein Fazit

Zusammenfassend lässt sich festhalten, dass die Patienten in den USA Arzneimittelwerbung einschließlich der dort genannten Informationen über Nutzen und Risiken der Arzneimittel bewusst wahrnehmen, insbesondere, wenn sie sich für das Mittel interessieren. Auf diese Weise werden sie veranlasst, sich weitere Informationen über das Arzneimittel zu beschaffen. Zudem legen die Studien nahe, dass Werbung die Patienten mit nützlichen Informationen über Arzneimittel versorgt, dass sie zielführende, fachliche Dialoge zwischen Arzt und Patient fördert und dass sie die Patienten dazu anregt, mehr über bisher nicht diagnostizierte Krankheiten in Erfahrung zu bringen.[318] Die Auswirkungen von Publikumswerbung auf die Arzneimittelausgaben sind in den USA hingegen eher gering.

Die Überwachung der Einhaltung der Vorschriften und die Ahndung von Verstößen durch die Überwachungsbehörde werden grundsätzlich positiv bewertet.[319] Vereinzelt wird jedoch kritisiert, dass die FDA als einzige Überwachungsbehörde sich vorwiegend auf grobe Verstöße fokussiert und nicht immer zeitnah einschreiten kann.[320]

5.2.2. Neuseeland

5.2.2.1. Gesundheitssystem

Neuseeland ist mit einer Bevölkerung von etwa 4 Millionen Einwohnern ein eher kleinerer Staat. Wirtschaftlich hat sich Neuseeland seit den 90er Jahren des letzen Jahrhunderts durchaus positiv entwickelt und steht nach Australien, Japan

[315] *Pollard et al.* (2004), S. 6
[316] *Norris* (2004), S. 1
[317] *Rosenthal et al.* (2003), S. 18 f.; *Masia* (2003), Slide 4
[318] Federal Trade Commission / Department of Justice (2004), Kap. 7, S. 19; *Harms* (2003); *Harms/Drüner* (2003b)
[319] Vgl. *Gahart et al.* (2003)
[320] GAO (2002), S. 17 – 21

und Singapur in seiner Region am besten dar.[321] Das Pro-Kopf Einkommen ist sechs Jahre in Folge gestiegen und lag 2004 knapp über 23.000 US-$.[322]

2003 gaben die Neuseeländer 8,1% ihres BIP für Gesundheitsleistungen aus, was in etwa dem Durchschnitt der OECD-Länder entspricht, jedoch deutlich unter den Anteilen von Deutschland (11,1%) oder den USA (15%) liegt.[323] Zwischen 1998 und 2003 sind die Gesundheitsausgaben hier jährlich um 3,4% gestiegen. Der Anteil der Arzneimittelausgaben an den gesamten Gesundheitsausgaben liegt konstant bei etwa 14,5%.

Wie Deutschland hat auch Neuseeland mit einem demographischen Wandel im Sinne einer Überalterung der Bevölkerung zu kämpfen. Während 2001 noch 12% der Bevölkerung über 65 Jahren alt war, werden es Schätzungen zufolge im Jahr 2051 bereits 25% sein.[324] Die Lebenserwartung ist hier ebenfalls hoch und entspricht mit durchschnittlich 78,6 Jahren in etwa der durchschnittlichen Lebenserwartung in Deutschland.[325]

Finanziert wird das Gesundheitswesen in Neuseeland – anders als in den USA – vorwiegend durch den Staat. Dieser trägt etwa 78% der gesamten Gesundheitsausgaben.[326] Das staatliche Gesundheitswesen wird dezentral über so genannte District Health Boards (DHBs) verwaltet, die auf Basis von Regierungsvorgaben für die Gesundheit der Bevölkerung in ihrer Region Sorge tragen, indem sie z.B. Krankenhäuser betreiben. Die DHBs schließen zu diesem Zweck Verträge mit privaten Versorgern, wie Privatkrankenhäusern, Ärzten und Apothekern. Die Patienten müssen dann eventuell noch Zuzahlungen zu Gesundheitsleistungen übernehmen oder bestimmte gewünschte Zusatzleistungen über eine private Zusatzversicherung abdecken.[327] Auch in Neuseeland findet eine geringfügige Verschiebung zugunsten einer verstärkten privaten Finanzierung von Gesundheitsausgaben statt. Während 1990 noch 17,6% der Gesundheitsausgaben privat getragen wurden, waren es 2001 bereits 23,3%, die sich auf Direktzahlungen und private Zusatzversicherungen verteilen.[328]

Der Erwerb von Arzneimitteln und die staatlichen Zuschüsse für Arzneimittelkäufe werden von der Pharmaceutical Management Agency (PHARMAC) abgewickelt. Dies ist eine staatliche Behörde, die seit 1990 existiert und das Ziel

---

321 Quelle: WHO Statistical Information System

322 In Kaufkraftparitäten (PPP = Purchasing Power Parities); Quelle: CIA World Factbook 2005

323 Quelle: OECD Health Data 2005

324 New Zealand Ministry of Health (2003), S. 2

325 Quelle: CIA World Factbook 2005

326 Quelle: WHO World Health Report 2005 – statistics

327 New Zealand Ministry of Health (2003), S. 5 ff.

328 New Zealand Ministry of Health (2003), S. 26

hat, im Hinblick auf Arzneimittel größtmöglichen Nutzen für die Patienten zu schaffen und gleichzeitig im Rahmen des begrenzten staatlichen Budgets zu bleiben.[329]

5.2.2.2. Publikumswerbung

Der Medicines Act von 1981[330] erlaubt in Neuseeland Publikumswerbung auch für verschreibungspflichtige Arzneimittel. Dieses Gesetz und weitere Verordnungen legen grundsätzlich fest, welche Informationen eine Publikumswerbemaßnahme enthalten muss. Weitere Regelungen und Anforderungen für Publikumswerbung unterliegen in Neuseeland in erster Linie einer Selbstregulierung der pharmazeutischen Industrie, deren Einhaltung allerdings durch das Gesundheitsministerium (Ministry of Health) überwacht wird.[331] Das Gesundheitsministerium hat in Kooperation mit der Industrie und der für Werbung zuständigen Behörde (Advertising Standards Authority) die betreffenden Selbstregulierungsmechanismen (Advertising Standards Authority Code for Therapeutic Advertising – ASA-Code) entwickelt. Um die Einhaltung dieses Kodexes sicherzustellen, überprüft das Therapeutic Advertising Pre-vetting System (TAPS) jede Publikumswerbung vor ihrer Veröffentlichung. Diese Form der Vorabkontrolle ist ausgesprochen wirksam, da die Medien eine Arzneimittelwerbung nicht schalten, wenn sie nicht zuvor von TAPS überprüft wurde.[332]

Die forschenden Arzneimittelhersteller (Researched Medicines Industry) haben ebenfalls einen Verhaltenskodex ausgearbeitet, der die Werbe- und Marketingaktivitäten der pharmazeutischen Industrie regelt (RMI-Code). Der RMI-Code ist weitgehend deckungsgleich mit dem ASA-Code, formuliert jedoch noch einige zusätzliche Anforderungen und Beschränkungen an Arzneimittelwerbemaßnahmen. Wenn Mitglieder des Verbandes der forschenden Arzneimittelhersteller gegen den RMI-Code verstoßen, können sie mit einer Geldstrafe von bis zu $80.000 belegt werden. Die Einhaltung dieses Kodex wird ebenfalls durch das TAPS überwacht und sichergestellt.

Die wichtigsten Anforderungen an Publikumswerbemaßnahmen in Neuseeland sollen im Folgenden kurz dargestellt werden. Publikumswerbung soll einem hohen Standard sozialer Verantwortung genügen und muss daher die folgenden Aussagen beinhalten:

---

[329] *Hoek et al.* (2004), S. 199

[330] Insbesondere Section 56 – 62 des Medicines Act 1981, vgl. hierzu New Zealand Ministry of Health (2000), S. 3, 35 ff.

[331] *Calfee* (2005), Slide 3; New Zealand Ministry of Health (2000), S. 3

[332] *Hoek et al.* (2004), S. 205

- "Use strictly as directed."
- "If symptoms continue or you have side-effects, see your doctor/pharmacist/health professional."
- "Prescription medicine, consult your doctor."[333]

Zudem muss die Werbung die folgenden Anforderungen erfüllen:

- In der Werbung müssen eventuelle Zuzahlungen, die über der üblichen Rezeptgebühr liegen, angegeben werden.
- Die Werbung darf nicht irreführend sein, das Vertrauen der Patienten missbrauchen oder das Unwissen oder die Angst der Patienten ausnutzen.[334]
- Die relevanten Informationen über das Arzneimittel und seinen Gebrauch müssen so präsentiert werden, dass die Patienten diese auch verstehen können.
- Die Werbung darf in keinem Fall einen unnötigen / unangebrachten Arzneimittelkonsum fördern

5.2.2.3. Auswirkungen der Publikumswerbung

Auch wenn Publikumswerbung in Neuseeland ebenfalls nicht unumstritten ist[335], wurden hier im Gegensatz zu den USA nicht so viele Daten über die Auswirkungen von Publikumswerbung erhoben. Die Ergebnisse der wichtigsten Studien sollen, wiederum mit Fokus auf das Wissen und das Verhalten der Patienten, die Gesundheit der Patienten, das Verhältnis Arzt – Patient und die Arzneimittelausgaben bzw. den Arzneimittelkonsum in Neuseeland kurz dargestellt werden.

5.2.2.3.1. Auswirkungen auf das Wissen und Verhalten der Patienten

Die Studien zeigen, dass auch die neuseeländischen Patienten die Werbung bewusst wahrnehmen. Wie in den USA erfährt auch hier Fernsehwerbung mit 98% die höchste Aufmerksamkeit, gefolgt von Printanzeigen. Werbemaßnahmen im Internet werden weniger bewusst wahrgenommen.[336] Ein Großteil der Patienten erinnert sich später auch an Informationen, die in der Werbung vermittelt wurden. Allerdings erinnern sich die meisten Patienten an Nutzen und Anwen-

---

333 Vgl. auch *Hoek et al.* (2004), S. 203 – 206

334 *Calfee* (2005), Slide 4 f.

335 Zur Debatte um Publikumswerbung in Neuseeland siehe New Zealand Ministry of Health (2000), S. 28 ff.; sowie New Zealand Ministry of Health (2001), Executive Summary

336 *Hoek et al.* (2004), S. 213

dungsgebiete der Arzneimittel, aber nur wenige an Risiken, Nebenwirkungen und Gegenanzeigen bei der Anwendung der Präparate. Während sich in den USA etwa 80 – 90% der Befragten an Risiken und Nebenwirkungen erinnerten, waren es in Neuseeland lediglich 20 – 30%.[337] So wünschen sich hier auch etwa 80% der Befragten, dass in Werbung mehr Informationen über Risiken und Nebenwirkungen der Arzneimittel vermittelt werden.[338] Dieser bemerkenswerte Unterschied in der Wahrnehmung von Informationen über Risiken des Arzneimittelgebrauchs ist womöglich auf die Ausgestaltung der Rahmenbedingungen zurückzuführen. Während die Informationen in den USA „fair balanced" sein müssen, also ausgewogen über Nutzen und Risiken des Arzneimittelgebrauchs informieren müssen, gibt es in Neuseeland keine derartige Anforderung. Zudem werden in Neuseeland in der Regel ein Großteil der Pflichtangaben zum Schluss einer Fernsehwerbung für mehrere Sekunden eingeblendet, während diese Informationen in den USA regelmäßig in die eigentliche Werbung implementiert werden (oft durch visuelle und gesprochene Komponenten).[339]

Trotzdem sehen die neuseeländischen Patienten Publikumswerbung für Arzneimittel positiv. Über 90% der Befragten geben an, dass Publikumswerbung ihnen hilft, auf neue Arzneimittel und Therapieformen aufmerksam zu werden. Über die Hälfte der Befragten stimmt damit überein, dass Publikumswerbung eine Hilfe darstellt, um besser über gesundheitliche Belange und Arzneimittelanwendungen entscheiden zu können. 62% finden Werbung für verschreibungspflichtige Arzneimittel im Allgemeinen hilfreich. Lediglich 15% kritisieren solche Werbung, weil sie ihrer Auffassung nach schwer verständlich sind.[340]

23% der neuseeländischen Patienten, die eine Werbemaßnahme wahrgenommen haben, haben später mit ihrem Arzt über das Arzneimittel gesprochen. Sie haben dies aber zumeist nur im Rahmen eines ohnehin anstehenden Arztbesuches gemacht und haben den Arzt nicht allein aus diesem Grund aufgesucht.[341] Dies zeigt, dass die Patienten die Arzneimittelinformation als Hilfe annehmen und sich, wenn sie eine Therapie mit dem beworbenen Mittel für angezeigt halten, bei ihrem Arzt weitere Informationen einholen, dies jedoch die Häufigkeit der Arztbesuche prinzipiell nicht erhöht.

---

337 *Hoek et al.* (2004), S. 214
338 *Calfee* (2005), Slide 11
339 *Hoek et al.* (2004), S. 215 f.
340 *Hoek et al.* (2004), S. 217
341 *Hoek/Gendall* (2004), S. 12

5.2.2.3.2. Auswirkungen auf die Gesundheit der Patienten

Die Auswirkungen von Publikumswerbung auf die allgemeine Gesundheit der Patienten in Neuseeland sind genau wie in den USA nur schwer auszumachen. Jedoch konnten Studien nachweisen, dass von den Patienten, die eine Publikumswerbung wahrgenommen haben, 15% später mit ihrem Arzt über ein Gesundheitsproblem gesprochen haben, das sie zuvor noch nicht mit ihrem Arzt besprochen hatten.[342] Hieraus lässt sich schließen, dass Publikumswerbung die Patienten auch auf bisher nicht diagnostizierte Krankheiten aufmerksam machen kann und ihnen so möglicherweise schneller zu einer benötigten Therapie verhilft. Langfristige Effekte auf die Gesundheit der neuseeländischen Bevölkerung werden hier erst noch untersucht werden müssen.

5.2.2.3.3. Auswirkungen auf das Verhältnis Arzt – Patient

In Neuseeland liegen keine ausführlichen Studien über die Sichtweisen der Ärzte bezüglich Publikumswerbung vor. Die verfügbaren Ergebnisse zeigen aber, dass die Auswirkungen auf das Verhältnis zwischen Arzt und Patient in Neuseeland ähnlich sind wie in den USA. Die Mehrheit der Patienten sieht in Publikumswerbung eine Hilfestellung, um besser mit ihrem Arzt über gesundheitliche Belange diskutieren zu können.[343]

Den Studien zufolge haben nur 18% der Patienten ihren Arzt direkt um die Verschreibung eines beworbenen Arzneimittels gebeten. Von ihnen hat wiederum die Hälfte daraufhin das erbetene Rezept erhalten.[344] Dass Publikumswerbung in einem erhöhten Maße Druck auf die Ärzte ausübt, erscheint hier folglich unwahrscheinlich.

Ein Aspekt, den Ärzte im Zusammenhang mit Publikumswerbung negativ bewerten, ist die Tatsache, dass Patienten, wie oben beschrieben, keine gesonderten Termine vereinbaren, um mit ihrem Arzt über eine Arzneimittelwerbung zu sprechen. Dies ist zwar grundsätzlich positiv, da so die Zahl der Arztbesuche nicht erhöht wird, führt jedoch dazu, dass Patienten bei einem Arztbesuch in diesen Fällen mindestens zwei verschiedene Angelegenheiten mit ihrem Arzt besprechen wollen, was die Dauer des Besuchs verlängert. So kann der einzelne Arzt weniger Patienten behandeln und erleidet evtl. Einnahmeverluste. So wird zumindest die kritische Haltung mancher Ärzte gegenüber Publikumswerbung

---

[342] *Hoek/Gendall* (2004), S. 12
[343] *Calfee* (2005), Slide 12
[344] *Hoek et al.* (2004), S. 220

nachvollziehbar, als Argument gegen verbesserte Patienteninformationen kann dies jedoch nicht zulässig sein.[345]

5.2.2.3.4. Auswirkungen auf die Arzneimittelausgaben

Für den vermeintlichen Zusammenhang zwischen den Marketingaufwendungen und dem Preis eines Arzneimittels kann auf die USA-bezogenen Ausführungen in Kapitel 5.2.1.3.4. verwiesen werden. Ein Zusammenhang zwischen den Ausgaben für Publikumswerbung und der Entwicklung des Preises des betreffenden Arzneimittels ist hiernach nicht erkennbar.

Zu den Auswirkungen von Publikumswerbung auf die gesamten Arzneimittelaufwendungen bzw. den Arzneimittelkonsum lässt sich folgendes feststellen. Eine Studie hat gezeigt, dass von allen Patienten, die eine Publikumswerbung in Neuseeland gesehen haben, etwa 10% später das beworbene Arzneimittel verschrieben bekommen haben. In etwa 50% der Fälle, in denen ein Arzt um die Verschreibung eines Arzneimittels gebeten wurde, hat er entweder kein Mittel verschrieben, ein anderes Mittel verschrieben oder zu einer Änderung des Lebenswandels geraten.[346]

Hieraus kann zum einen geschlossen werden, dass Publikumswerbung keine schwerwiegenden Auswirkungen auf das Nachfrageverhalten der Patienten hat. Die Patienten werden durch Publikumswerbung nicht zu unnötigem Arzneimittelkonsum veranlasst, bzw. im Zweifel von ihrem Arzt gebremst. Des Weiteren lassen die Zahlen vermuten, dass die Ärzte in der Lage sind, angemessen auf Anfragen der Patienten bezüglich der Verschreibung von Arzneimitteln zu reagieren und die Mittel nur zu verschreiben, wenn dies angemessen erscheint. Somit scheint eine Steigerung der Arzneimittelausgaben durch unnötigen Arzneimittelkonsum hier unwahrscheinlich. Ein Anstieg der Arzneimittelausgaben aufgrund von notwendigem Arzneimittelkonsum wäre hingegen positiv zu bewerten. Ein solcher würde nämlich bedeuten, dass zuvor eine Arzneimittelunterversorgung herrschte.

5.2.2.4. Publikumswerbung in Neuseeland – ein Fazit

Zusammenfassend bleibt festzuhalten, dass Publikumswerbung in Neuseeland weitgehend ähnliche Effekte hat wie in den USA. Abweichungen, wie z.B. in der Wahrnehmung von Informationen über Risiken und Nebenwirkungen der beworbenen Mittel, sind hier vorwiegend auf die unterschiedlichen Ausgestal-

---

345 Schließlich kann gute Patienteninformation dazu beitragen, dass die ärztliche Behandlungszeit effizienter genutzt wird, siehe auch Kap. 6.1.2.4.

346 *Hoek et al.* (2004), S. 220

tungen der Bestimmungen für die Werbemaßnahmen zurückzuführen. Die Wahrnehmung von Publikumswerbung bei den Patienten als auch bei den Ärzten ist weitgehend positiv. Die Patienten fühlen sich durch die Werbung mit wertvollen Informationen versorgt.

5.3. Übertragbarkeit der Beispiele auf die Europäische Union

Die Ergebnisse, die Publikumswerbung seit ihrem verstärkten Auftreten in den USA und in Neuseeland hatte, sind nur begrenzt auf die Europäische Union übertragbar. Der nachfolgende Vergleich soll die Rahmenbedingungen für Publikumswerbung in diesen Ländern mit den Rahmenbedingungen für Publikumswerbung in Europa, wie sie nach dem nachfolgend entwickelten Modell aussehen könnte, vergleichen. Dies soll aufzeigen, wo die Vor- und Nachteile der gegebenen Rahmenbedingungen in der EU liegen und was bei der Lockerung des Publikumswerbeverbotes im Vergleich zu den USA oder Neuseeland optimiert werden sollte.

Die größten Unterschiede zu der Situation in den USA liegen zunächst im grundlegend anders strukturierten Gesundheitswesen. In den USA gibt es kein einheitliches staatliches Versicherungswesen und vor allem weniger staatliche Eingriffe in den Arzneimittelmarkt, wie etwa staatliche Kostendämpfungsmaßnahmen. Das bedeutet, dass durch Publikumswerbung verursachte Kostensteigerungen, die bereits in den USA nur sehr gering sind[347], in Europa noch deutlich geringer ausfallen würden als in den USA. Dies zeigen auch die Zahlen aus Neuseeland. Hier zeigt sich, dass Publikumswerbung im Umfeld eines staatlichen Gesundheitswesens in noch geringerem Maße zu einer Ausgabensteigerung führt als in den USA. Die Gesundheitsausgaben in Neuseeland sind in den vergangenen 10 Jahren, gemessen an den demographischen Entwicklungen und den veränderten technischen und wirtschaftlichen Rahmenbedingungen, vergleichsweise moderat verlaufen. Sowohl 1990 als auch 2002 lagen sie deutlich unter dem OECD-Durchschnitt.[348]

Ansonsten könnten die positiven Auswirkungen von Publikumswerbung in den USA wohl weitgehend auch für die EU erwartet werden, wenn nur die Rahmenbedingungen sinnvoll gestaltet würden. So stehen die europäischen Verbraucher, die europäischen Ärzte, die europäischen Pharmaunternehmen[349] und auch die europäischen Überwachungsinstanzen den amerikanischen in

---

[347] Kap. 5.2.1.3.4. zeigt, dass die Ausgabensteigerungen in den USA nur zu etwa 12% durch Publikumswerbung beeinflusst sind.

[348] Quelle: OECD Factbook 2005

[349] Zumal diese in der globalisierten Pharmaindustrie wohl oftmals deckungsgleich sind mit den amerikanischen Unternehmen.

nichts nach. Man kann von europäischen Verbrauchern ebenso erwarten, dass sie mit Werbeaussagen und Arzneimittelinformationen kritisch umgehen und sich weitere Informationen beschaffen. Von europäischen Ärzten kann man erwarten, dass sie mit Patientenanfragen verantwortungsvoll umgehen und nur dann ein Arzneimittel verordnen, wenn dies auch notwendig ist. Von den Arzneimittelherstellern kann man erwarten, dass sie die Patienten mit sachlichen und möglichst objektiven Informationen versorgen und von europäischen und nationalen Behörden, Mitbewerbern und branchenbezogenen Selbstkontrollinstanzen ist zu erwarten, dass sie Verstöße gegen Werbevorschriften schnell und konsequent ahnden. Wenn in den USA vereinzelt kritisiert wird, dass die FDA die Einhaltung der Vorschriften für Publikumswerbung nicht lückenlos erbringen kann, so liegt dies wohl daran, dass die FDA die einzige Überwachungsbehörde ist und zudem auch die einzige Stelle, die Verstöße ahnden kann.

In der EU würde dies anders aussehen. Hier wären nach wettbewerbsrechtlichen Vorschriften, neben den zuständigen Behörden, auch die betroffenen Mitbewerber und bestimmte Verbraucherschutzvereine befugt, Wettbewerbsverstöße vor Gericht zu bringen.[350] Voraussetzung hierfür wäre, dass die betreffende Werbung eine „Wettbewerbshandlung“ i.S.d. § 2 Nr. 1 UWG darstellt, also eine Handlung mit dem Ziel, zugunsten des eigenen Unternehmens den Absatz zu fördern. Diese Voraussetzung dürfte bei einer produktbezogenen Informationsmaßnahmen regelmäßig erfüllt sein. Im Wege einstweiliger Verfügungsverfahren[351], wie es sie in Deutschland gibt, können dann Verstöße gegen Werbevorschriften zeitnah geahndet und irreführende Werbung schnell unterbunden werden. Ein Problem von begrenzten Ressourcen zur Überwachung der Werbung würde sich so nicht stellen und die weitgehend lückenlose Einhaltung der Regelungen wäre sichergestellt. Zudem existieren durch Verbände zahlreiche Selbstverpflichtungen zur Einhaltung von Werbevorschriften, die auch auf Werbung für verschreibungspflichtige Arzneimittel ausgedehnt werden könnten. Bereits jetzt gibt es, branchenbezogen gesehen, in der Bundesrepublik kein Rechtsgebiet, in dem das Netz der Selbstkontrollinstitutionen dichter ist und demzufolge die Selbstkontrollmaßnahmen schärfer sind, als in der Heilmittelwerbung.[352]

Auch die Ergebnisse in Neuseeland sind größtenteils auf die EU übertragbar. Wenn z.B. die Patienten in Neuseeland in geringerem Maße Informationen zu Risiken und Nebenwirkungen wahrnehmen, dann liegt dies nicht an den Patienten an sich oder daran, dass Publikumswerbung nicht geeignet wäre, Informationen zu Risiken und Nebenwirkungen zu vermitteln, denn in den USA werden

---

[350] *Doepner* (2000), S. 66 ff.
[351] Vgl. § 936 i.V.m. §§ 916 ff. ZPO
[352] *Doepner* (2000), S. 75

diese Informationen vermittelt und zu einem sehr hohen Prozentsatz wahrgenommen. Die Unterschiede liegen folglich einzig in der anderen Gestaltung der Rahmenbedingungen, die die Anforderungen an die Werbemaßnahmen festlegen.

6. Modell zur Ermöglichung von Herstellerinformationen

6.1. Vorüberlegungen

Der folgende Abschnitt präsentiert Überlegungen, die bei einer Lockerung der Vorschriften über Publikumswerbung zu beachten sind. Es gilt ein Modell zu entwickeln, mit Hilfe dessen die Risiken und eventuellen negativen Auswirkungen der Lockerung des Informationsverbotes auf ein Minimum reduziert werden können, damit sich die positiven Effekte verbesserter Patienteninformationen vollständig entfalten können.

In einem solchen Modell müssen die Interessen aller beteiligten Parteien gleichermaßen Berücksichtigung finden. So soll den Patienten die Möglichkeit gegeben werden, Informationen über Arzneimittel aus mehreren seriösen Quellen zu beziehen, um sich im Rahmen ihrer Möglichkeiten ein eigenes Bild zu machen und mit ihrem Arzt in einen Dialog treten zu können. Den Arzneimittelherstellern soll die Möglichkeit gegeben werden, die interessierten Patienten über ihre Produkte zu informieren. Die Hersteller sollen nicht die einzigen sein, die nicht über ihre Produkte informieren dürfen. Im Interesse der Krankenversicherungssysteme muss dafür gesorgt sein, dass die Publikumswerbemaßnahmen keine „marktschreierischen" Ausmaße annehmen und zu einer unnötigen Steigerung der Arzneimittelnachfrage führen, sondern sachlich und informativ gehalten werden, damit die Kostenbelastung der nationalen Gesundheitssysteme nicht weiter erhöht wird. Vielmehr sollen gesteigerte Eigenverantwortung und Vorsorge der Patienten mittel- bis langfristig zu einer Kostensenkung führen. Im Interesse der Ärzte muss für die Klarheit, Verständlichkeit und Sachlichkeit der Werbemaßnahmen Sorge getragen werden, damit diese nicht in einem erhöhten Maße von ihren Patienten mit falschen Vorstellungen über Arzneimittel konfrontiert werden, die durch missverständliche Werbung verursacht worden sind.

Um diesen Ansprüchen gerecht zu werden, erscheinen nur wenige Formen der Informationsvermittlung für Publikumswerbung geeignet. Es ist dafür zu sorgen, dass nur interessierte Patienten Informationen über Arzneimittel erhalten. Somit sollte Publikumswerbung nur für die Medien erlaubt werden, die es den Patienten ermöglichen bei Bedarf auf die vom Hersteller bereitgestellten Informationen zu zugreifen (so genannte „Pull-Situation"). Die Informationen gelangen so nur dann zum Patienten, wenn dieser sie aktiv einholt. Eine initiative Informationsvermittlung, bei der der Hersteller die Informationen direkt an den Patienten heranträgt (so genannte „Push-Situation") sollte hingegen nicht erlaubt sein. Geeignet erscheinen folglich in erster Linie die Erstellung von Internetseiten und das Zusenden von Patientenbroschüren auf eine konkrete Patientenanfrage hin. Die Auslage von Patientenbroschüren in ärztlichen Wartezimmern oder Apotheken macht den Patienten zwar aktiv auf das Vorhandensein dieser Informationen aufmerksam, ohne dass er diese gesucht hätte. Da es jedoch dann seine freie Entscheidung bleibt, ob er dieses Informationsangebot wahrnimmt, wird auch diese Form der Informationsvermittlung als zulässig im Sinne einer „Pull-Situation" erachtet. Nicht erlaubt werden sollten hingegen Anzeigen in Zeitungen und Zeitschriften, Rundfunk- und Fernsehspots sowie Plakatwerbung. Andere Werbeformen, wie z.B. Telefonwerbung oder Vertreterbesuche wurden bereits oben ausgeschlossen, da sie ohnehin unzulässig oder für Arzneimittelwerbung ungeeignet sind.[353]

So können Patienten, wenn sie Informationen über Arzneimittel suchen, auch auf Informationen des Herstellers zugreifen. Gleichzeitig ist jedoch sichergestellt, dass die Patienten nicht mit Arzneimittelinformationen „überhäuft" werden. Hierbei kann dahingestellt bleiben, ob diese Art der Informationsvermittlung als Werbung oder als Sachinformation bezeichnet wird. Schließlich kann die Vermittlung einer Sachinformationen dem Hersteller gleichzeitig auch zur Werbung dienen. Deshalb verliert diese Information jedoch nicht ihren informativen Wert für den Patienten. Somit sind diese Begriffe nicht klar und eindeutig voneinander abzugrenzen. Von Bedeutung ist in diesem Zusammenhang lediglich, dass der informative Charakter der Werbung bzw. Sachinformation sichergestellt ist und die vermittelte Information fachlich richtig, aktuell, nicht irreführend und verständlich ist.

Wie oben erwähnt, basiert das bestehende Verbot der Publikumswerbung für verschreibungspflichtige Arzneimittel auf einer EU-Richtlinie. Eine Liberalisierung der Publikumswerbung muss folglich auf europäischer Ebene erfolgen, da dieses supranationale Recht den deutschen Gesetzen übergeordnet ist. Das deutsche HWG müsste dann im Zuge der Umsetzung des EU-Rechts in nationales Recht der einzelnen Mitgliedstaaten die auf EU-Ebene vorgegebenen Anpassungen übernehmen.

---

353 Schließlich müssen sich alle in Frage kommenden Werbemaßnahmen für Arzneimittel auch an den allgemeinen Maßstäben für die Lauterkeit von Werbung – in erster Linie also dem Gesetz gegen den unlauteren Wettbewerb – messen lassen. So sind sowohl Sponsoring als auch Product-Placement wettbewerbswidrig, wenn den Marktteilnehmer der Werbecharakter der Maßnahme nicht erkennbar ist (vgl. *Eisenmann/Jautz* (2004), Rz. 428.) und Telefonwerbung bei Verbrauchern ist gem. §§ 7 Abs. 2 Ziff. 2, 3 UWG wettbewerbsrechtlich unlauter, wenn nicht der Anschlussinhaber vorab sein Einverständnis erteilt hat (vgl. *Eisenmann/Jautz*, (2004), Rz. 635 f.)

6.1.1. Ziele der Lockerung des Verbotes der Publikumswerbung

Ziel dieses Modells soll sein, im Rahmen einer informativen und sachlichen Aufklärung der interessierten Patienten über verschreibungspflichtige Arzneimittel auch den Hersteller Information bereitstellen zu lassen. In erster Linie soll die Lockerung des Verbots also der Vervollständigung der für den Patienten relevanten Information dienen. Folgende Ziele sollen erreicht werden:

- Wenn sich Patienten für ein verschreibungspflichtiges Arzneimittel interessieren, sollen sie die Möglichkeit erhalten, auch auf Informationen des Arzneimittelherstellers zu zugreifen. So soll eine weitere Informationsquelle für die Patienten erschlossen werden, an die allerdings hohe qualitative Anforderungen gestellt werden sollen.
- Die interessierten Patienten sollen so in die Lage versetzt werden, feststellen zu können, ob ihnen die Therapie mit einem bestimmten Arzneimittel den von ihnen zu zahlenden Geldbetrag wert ist.
- Den Patienten soll es zudem ermöglicht werden, mitzureden, wenn es um ihre Behandlung geht, und sachdienliche Fragen an den Arzt zu stellen. Als mündige Patienten sollen sie das Recht erhalten, sich eigenständig Informationen über Arzneimittel zu verschaffen.
- Den Arzneimittelherstellern soll es auf der anderen Seite ermöglicht werden, interessierten Patienten sachliche Informationen über ihre Produkte zur Verfügung zu stellen, wenn die Patienten diese Informationen wünschen.

6.1.2. Mögliche positive Nebeneffekte

Abgesehen davon, dass eine Novellierung des Werberechts dem gegenwärtig bestehenden Missstand, dass dem Patienten verwehrt ist, sich auch beim Hersteller zu informieren, Abhilfe schafft, kann durch verbesserte Patienteninformation auch ein Mehrwert für die beteiligten Parteien generiert werden. So kann die Ermöglichung von Publikumswerbung im hier vertretenen Sinne auch eine Reihe von positiven Nebeneffekten mit sich bringen, die nachfolgend dargestellt werden.

6.1.2.1. Anregung zu gesundheitsbewusstem Verhalten

Auf lange Sicht kann durch vermehrte und ausgewogene Arzneimittelinformationen bei interessierten Patienten ein kritischerer Umgang mit Arzneimitteln sowie ein gewisses Maß an medizinisch-gesundheitlichem Grundwissen und vor allem ein gesteigertes Interesse an der eigenen Gesundheit erzielt werden.[354] Schon heute sind gesundheitliche Prävention und die Steigerung von gesundheitsbewusstem Verhalten der Verbraucher zentrale Aufgaben der nationalen Gesundheitseinrichtungen. Trotzdem ist die Präventionskultur in Deutschland mangelhaft.[355] Das Interesse für Arzneimittelinformationen an sich kann wohl durch das vorgeschlagene Informationsmodell nicht signifikant erhöht werden, denn die Informationen sollen den Patienten nur dann erreichen, wenn er sie von sich aus beim Hersteller abruft.[356] Jedoch können den Verbrauchern, die sich ohnehin für Arzneimittelinformationen interessieren, so weitere und bessere Informationen, auch zu Krankheitsprävention zur Verfügung gestellt werden. Aus diesem Grund sollte die Werbung für ein Arzneimittel auch die Nennung von Präventionsmaßnahmen für die jeweilige Krankheit beinhalten, wo dies möglich ist.[357]

6.1.2.2. Sinken der Arzneimittelausgaben

Möglichkeiten zur Information der Patienten über verschreibungspflichtige Arzneimittel tragen zu einer Erhöhung der Transparenz im Gesundheitswesen bei. Patienten, die umfassende und sachlich-richtige Informationen über den Nutzen und die Kosten der verschiedenen Arzneimittel haben, können weitgehend rationale und wirtschaftliche Entscheidungen im Hinblick auf ihre Therapie fällen. Dies gilt selbstverständlich nur in den Fällen, in denen der Arzt bereits eine Vorauswahl der in Frage kommenden Arzneimittel getroffen hat und der Patient nur noch entscheiden muss, für welches Präparat er wie viel Geld zahlen möchte.

Zudem gewinnt der interessierte Patient so auch einen Überblick darüber, welche Kosten seine Therapie für die Krankenkasse verursacht. Das „neue“ Interesse der Patienten an Preisen gibt dem Arzneimittelmarkt ein Stück blockierter Marktfunktion zurück. Der Patient könnte so möglicherweise zu wirtschaftlicherem Verhalten angeregt werden. Dadurch, dass die einzelnen angebotenen Leistungen auf dem Arzneimittelsektor transparenter werden, kann ein neuartiger Leistungswettbewerb auf diesem Markt entstehen. Ein solcher Wettbewerb beschränkt sich zwar zunächst auf die Patienten, die sich für Arzneimittelinfor-

---

354 Vgl. auch: *Harms/Drüner* (2003b)

355 Experten sehen die fehlende Präventionskultur in Deutschland u.a. darin begründet, dass es keine breiten Aufklärungskampagnen gibt und es der Bevölkerung schlicht an Wissen z.B. über den Zusammenhang zwischen chronischen Krankheiten und ungesunden Lebensweisen fehlt; vgl. Booz/Allen/Hamilton (2005), S. 22

356 Ausnahmen bestehen evtl. bei der Auslage von Broschüren

357 Siehe Modell in Kap. 6.3. Nr. 7

mationen interessieren und diese abrufen, verglichen mit dem Status quo würde dies jedoch immer noch eine deutliche Verbesserung darstellen. Dort, wo Arzneimittel verschiedener Hersteller für eine Indikation zur Verfügung stehen, verschärft sich der Wettbewerb um die Gunst der Patienten und Ärzte. Und Wettbewerb ist der wirksamste Mechanismus zur Preissenkung[358], weil er das Preisbewusstsein der Umworbenen schärft.[359] Ein Überblick über die Qualität der angebotenen Leistungen könnte dazu führen, dass Analogpräparate auch als solche erkannt werden können und, wenn sie teurer sind, seltener verordnet werden. Die neu gewonnene Transparenz im Gesundheitswesen kann also, zumindest bei interessierten Patienten, in sinkenden Ausgaben resultieren und auf diese Weise dazu beitragen, das System effizienter zu gestalten.

So setzt sich generell im deutschen Gesundheitswesen zunehmend die Erkenntnis durch, dass einer weitgehend unbeherrschbaren Kostenentwicklung mit Hilfe von, verstärkt am freien Wettbewerb orientierten Strukturen und einer ganzheitlichen Betrachtung von Krankheitsbildern, entgegengetreten werden kann.[360]

Auch wenn die neu gewonnene Möglichkeit zur Publikumswerbung bei den Herstellern Aufwendungen für Marketing mit sich bringen wird, müssen diese Marketing-Mehraufwendungen nicht in einer Preissteigerung des Präparates resultieren[361], obwohl dies vereinzelt behauptet wird.[362] In der Vergangenheit hat sich gezeigt, dass verstärkte Werbung regelmäßig eher Preissenkungen mit sich bringen als Preissteigerungen.[363] Selbst wenn man einen nur schwachen Zusammenhang zwischen den Werbeaufwendungen und dem Preis eines Arzneimittels bejaht, so zeigt sich doch, dass stark beworbene Arzneimittel teilweise günstiger sind und geringeren Preissteigerungen unterliegen als nicht beworbene Präparate.[364] Dies rührt daher, dass vermehrte Werbeanstrengungen in der Regel auch den zuvor beschrieben Wettbewerb auslösen, der sich regelmäßig auch in einem Preiswettbewerb niederschlägt.

Zudem lässt sich am Beispiel der Publikumswerbeausgaben für OTC-Arzneimittel beobachten, dass die teuersten Marketingmaßnahmen stets die TV-Werbemaßnahmen sind. Im Vergleich dazu fallen die Ausgaben für die Wer-

---

358 *Troy* (2004), S. 6

359 *Rubin* (2003), S. 16; GAO (2002), S. 11; *Calfee* (2002), S. 15

360 Vgl. z.B. *Oberender/Hebborn/Zerth* (2006)

361 *Troy* (2004), S. 6; *Masia* (2003), Slide 6 – 9; GAO (2002), S. 11; *Rubin* (2003), S. 16; *Calfee* (2002), S. 16; PhRMA (2004), S. 7; Federal Trade Commission / Department of Justice (2004), Kap. 7, S. 21

362 Vgl. z.B. *Gardner et al.* (2003), S. 426

363 *Norris* (2004), S. 8

364 *Kelly* (2004), S. 247;

bung in anderen Medien, wie Printmedien oder Internet vergleichsweise gering aus.[365] Nur solche Werbemaßnahmen erlaubt jedoch die „Pull-Situation“.

6.1.2.3. Verbesserung des Verhältnisses zwischen Arzt und Patient

Wie zumindest die Studien in den USA nahe gelegt haben, begrüßen sowohl Ärzte als auch Patienten die Publikumswerbemaßnahmen, denn informierte Patienten können ihren eigenen Beitrag zu einer ärztlichen Behandlung leisten. So bewerten die Ärzte in den USA es positiv, wenn Patienten sie von sich aus auf Behandlungsmethoden angesprochen haben.[366] Holmer erklärt, dass gut informierte Patienten die Beziehungen zwischen Arzt und Patient deutlich verbessern können. Ihm zufolge kann Publikumswerbung Patienten motivieren, mehr über ihre medizinische Situation und die verfügbaren Behandlungsalternativen in Erfahrung zu bringen. Dies kann im Gespräch zwischen Arzt und Patient die Verständigung über die Behandlungsentscheidungen vereinfachen und der vorschriftsmäßigen Anwendung der verordneten Arzneimittel unter ärztlicher Aufsicht förderlich sein.[367]

So kann es auch zur Verbesserung der ärztlichen Behandlung beitragen, wenn ein Patient sich vorab darüber informiert hat, an welcher Krankheit er leidet und was ihm helfen könnte.[368] Selbst wenn sich diese Einschätzung des Patienten später als falsch herausstellen sollte und der Arzt einer möglichen Erwartung des Patienten, ein bestimmtes Arzneimittel verschrieben zu bekommen, nicht entsprechen kann, muss eine solche – aus medizinischer Sicht folgerichtige – Verweigerung einer Arzneimittelverordnung keineswegs die Vertrauensbeziehung zwischen Arzt und Patient belasten. Eine Studie hat gezeigt, dass Ärzte von europäischen Patienten als die Quelle für Arzneimittelinformationen angesehen werden, der die höchste Vertrauenswürdigkeit zukommt.[369] Auch in Deutschland zeigte eine andere Studie aus dem Jahr 2003, dass 78% der deutschen Patienten ihren Arzt als die wichtigste Informationsquelle für Gesundheitsinformationen ansehen.[370] Vor diesem Hintergrund, sowie im Hinblick auf

---

[365] GPI Kommunikationsforschung GfKHealthCare: *Die Werbeinvestitionen Publikumsmedien für OTC-Arzneimittel*, August 2005

[366] Kap. 5.2.1.3.3.; vgl. auch *Harms/Drüner* (2003b), S. 29

[367] *Holmer* (1999), S. 381

[368] Hierzu auch: *Homburg/Dietz* (2006), S. 291 f.

[369] Eine Studie unter europäischen Patientenvereinigungen aus dem Jahr 2002 zeigte, dass 60% der Patienten Informationen über verschreibungspflichtige Arzneimittel von Ärzten als höchst vertrauenswürdig einstufen und weitere 33% diesen Informationen zumindest teilweise vertrauen schenken. Vgl. IAPO (2002), S. 63 f.

[370] *Seiter et al.* (2003), S. 733

die jeweils zu entrichtende Praxisgebühr[371], erscheint es nicht wahrscheinlich, dass aufgeklärte Patienten nacheinander verschiedene Ärzte aufsuchen, bis sie eine Verschreibung für ein Arzneimittel erhalten, von dem ihnen die Ärzte abraten.

6.1.2.4. Effektivere Nutzung der ärztlichen Behandlungszeit

Des Weiteren können gut informierte Patienten ärztliche Behandlungszeit einsparen. Ärzte sind ohnehin gesetzlich verpflichtet, Patienten umfassend über ihre Krankheit und die Therapiemöglichkeiten aufzuklären.[372] Wenn die Patienten sich nun schon vorher selbst über die Krankheit und die verfügbaren Arzneimittel informiert haben, kann wertvolle Behandlungszeit eingespart bzw. die Behandlungszeit effizienter genutzt werden, ohne dass die Qualität der gesundheitlichen Versorgung der Patienten beeinträchtigt wird.[373]

6.1.2.5. Verbesserung der gesundheitlichen Versorgung

Bessere Möglichkeiten der Patienteninformation können auch zu einer Verbesserung der allgemeinen Qualität der gesundheitlichen Versorgung führen. Besser informierte Patienten können schneller zu den von ihnen benötigten Therapien gelangen, wenn ihr Blick für Krankheitssymptome geschärft wird und sie einen Überblick über die verfügbaren Therapiemöglichkeiten haben. Viele Krankheiten können von aufmerksamen und informierten Patienten frühzeitig erkannt und besser therapiert werden. In manchen Fällen können so spätere akute Notfallmaßnahmen oder langwierige und kostspielige Krankheiten, die möglicherweise eintreten würden, wenn die Erkrankung nicht frühzeitig behandelt würde, vermieden werden.[374] Dies ist nicht nur für die Patienten wünschenswert und sinnvoll, sondern senkt auch die Kostenbelastung für Krankenkassen, da Krankenhausaufenthalte u.ä. im Schnitt deutlich mehr Kosten verursachen als eine frühzeitige Arzneimitteltherapie.

---

[371] Versicherte der GKV müssen gem. § 28 Abs. 4 SGB V beim ersten Arzt- und Zahnarztbesuch im Quartal eine Praxisgebühr von 10 Euro entrichten. Bei einem Besuch bei einem anderen Arzt entfällt diese nur, wenn der Patient eine Überweisung hat, (http://www.die-gesundheitsreform.de/glossar/praxisgebuehr.html?GO=AdWords), zuletzt besucht am: 26.05.2006

[372] Vgl. Kap. 3.3.

[373] *Evans et al.* (2004), S. 18f

[374] *Barth* (2003b), S. 654

Auch die Compliance[375] und die Anwendungssicherheit des Arzneimittels kann deutlich erhöht werden, wenn Patienten umfassend über ihre Krankheit und die Details der Wirkweise und Anwendung des ihnen verordneten Arzneimittels aufgeklärt sind.[376] Die bestimmungsgemäße Anwendung ist schließlich einer der wichtigsten Aspekte der rationalen und wirksamen Verwendung von Arzneimitteln.[377] So stellte sich bei Untersuchungen heraus, dass Arzneimittelwerbemaßnahmen in den USA den Blick der Patienten für die Anwendungshinweise und die Risiken des Arzneimittelgebrauches signifikant geschärft haben, wenn sie sich für das betreffende Arzneimittel interessiert haben.[378] Patienten, die umfassend über ihr Arzneimittel aufgeklärt sind, nehmen dieses auch mit einer höheren Wahrscheinlichkeit ordnungsgemäß ein. Auch auf diese Weise kann Arzneimittelinformation zu einer Verbesserung der öffentlichen Gesundheit beitragen. Auf lange Sicht können so auch Kosten gesenkt werden, denn eine falsche oder unzulängliche Anwendung von Arzneimitteln durch die Patienten führt zu einer verminderten Wirksamkeit oder sogar Wirkungslosigkeit des Präparates und belastet das Gesundheitssystem so mit unnötigen Kosten.

6.1.3. Der effektive Einsatz von Arzneimitteln bleibt sichergestellt

Ursprünglich sollte das Verbot der Werbung für verschreibungspflichtige Arzneimittel der Gefahr eines übermäßigen Arzneimittelkonsums begegnen.[379] Man befürchtete, dass die Patienten durch die Werbung zu einem gesundheitsschädlichen Arzneimittel-Zuvielgebrauch angeregt werden. Wie offenbar Erfahrungen in den USA und in Neuseeland zeigen, ist diese Befürchtung wohl nicht zutreffend.[380] Zudem sollen solche Werbemaßnahmen, bei denen Arzneimittelinformationen direkt an die Patienten herangetragen werden, auch weiterhin verboten bleiben. Patienten erhalten folglich nur dann Arzneimittelinformationen des Herstellers, wenn sie diese aktiv abrufen. Ein grundsätzliches Interesse des Patienten an dem betreffenden Arzneimittel wird also in der Regel bereits vorliegen. Dass dieses Interesse durch sachliche Produktinformationen, die gleichzeitig auf Wirksamkeiten sowie Risiken und Nebenwirkungen des Produktes eingehen, signifikant gesteigert werden könnte, erscheint bereits nicht realistisch.

---

[375] Therapietreue des Patienten im Hinblick auf die Anwendung des verordneten Arzneimittels

[376] *Calfee* (2003), S. 118, *Homburg/Dietz* (2006), S. 292

[377] Europäische Kommission (2003), S. 8

[378] FDA (1999), Question 11, 12; siehe auch: *Calfee* (2002), S. 23 f.

[379] *Bülow/Ring* (2005), § 10, Rn. 1.

[380] *Norris* (2004), S. 1

Zwar ist Werbung grundsätzlich dazu geeignet, Kaufanreize auszulösen, doch soll sich die hier in Rede stehende Liberalisierung nur auf verschreibungspflichtige Arzneimittel beziehen, denn hauptsächlich diese werden von dem aktuell bestehenden Publikumswerbeverbot erfasst. Nicht verschreibungspflichtige Mittel wären von einer Verbotslockerung nur dann betroffen, wenn das zweite, krankheitsbezogene Publikumswerbeverbot aus § 12 HWG ebenfalls eine Lockerung erfahren würde. Dies wird hier jedoch nicht vorgeschlagen.

Weiterhin ist festzuhalten, dass eine Lockerung des Publikumsinformationsverbotes keineswegs mit einer Lockerung der gesetzlichen Verschreibungspflicht einhergeht. Verschreibungspflichtige Arzneimittel dürfen auch weiterhin ausschließlich auf ärztliches Rezept an den Patienten abgegeben werden. Die Befürchtung, Patienten könnten durch Werbung veranlasst werden, sich auf illegalem Wege verschreibungspflichtige Arzneimittel zur Selbstmedikation zu verschaffen, erscheint vergleichsweise gering, so dass sie an dieser Stelle nicht weiter diskutiert wird.

Ein Konsum der beworbenen, verschreibungspflichtigen Arzneimittel setzt folglich stets voraus, dass ein Arzt dieses Mittel verschrieben hat. Verschreiben darf er ein Arzneimittel wiederum nur, wenn der Patient dieses auch benötigt.[381] Von diesem Standpunkt aus betrachtet kann Publikumswerbung also nicht dazu führen, dass Patienten Arzneimittel erhalten, die sie nicht benötigen. Der Gefahr einer Selbstdiagnose mit anschließender Selbstmedikation durch den einzelnen Patienten wird mit dem Instrument der Verschreibungspflicht wirksam begegnet.

Zu einem Fehl- oder Zuvielgebrauch von Arzneimitteln kann es nur kommen, wenn Patienten durch Werbung veranlasst werden, von ihrem Arzt ein Arzneimittel zu fordern, das für ihre Therapie nicht geeignet ist, bzw. das sie nicht benötigen, und der Arzt ihnen dieses Mittel gegen seine fachliche Überzeugung verschreibt.

Solche Befürchtungen erscheinen jedoch in der heutigen Zeit gleich in dreifacher Hinsicht unrealistisch. Sie setzen nämlich erstens voraus, dass die Arzneimittelhersteller die Patienten durch ihre Informationen derart irreführen, dass die Patienten glauben, eine Arzneimitteltherapie zu benötigen, obwohl dies nicht der Fall ist. Dies kann einerseits durch eine sinnvolle und zweckmäßige Ausgestaltung des Werberechts als auch durch eine Selbstverpflichtung der In-

---

381 U.a. abzuleiten aus § 28 Abs. 1 SGB V, sowie Teil B § 1 f. der (Muster-) Berufsordnung für die deutschen Ärztinnen und Ärzte (MBO-Ä 1997) in der Fassung der Beschlüsse des 100. Deutschen Ärztetages 1997 in Eisenach zuletzt geändert durch die Beschlüsse des 107. Deutschen Ärztetages 2004 in Bremen, (http://www.bundesaerztekammer.de/30/Berufsordnung/Mbopdf.pdf), zuletzt besucht am: 26.05.2006

dustrie zu unmissverständlichen Werbebotschaften größtenteils verhindert werden. Solche Vorgaben in Verbindung mit wirksamen Kontrollmechanismen können weitgehend sicherstellen, dass Arzneimittelinformationen des Herstellers sachlich aufklären und nicht irreführen.

Zweitens müssten die Patienten die mögliche Fehlinformation völlig unkritisch aufnehmen, sie nicht hinterfragen und einen Arzt bedrängen, ihnen dieses Mittel zu verschreiben. Von einem Patienten kann nach dem heutigen (europäischen) Verbraucherleitbild eines aufgeklärten, umsichtigen, kritisch prüfenden, verständigen Verbrauchers[382] jedoch erwartet werden, dass er aufgrund ausreichender Informationen in der Lage ist, seine Entscheidungen auf dem Markt sachbezogen zu treffen. Wenn eine Information als Werbung erkennbar ist, gehen Verbraucher stets von der subjektiven Meinung eines seine Leistung anpreisenden Unternehmers aus, würdigen dies entsprechend und machen gewisse Abstriche.[383] Der Patient sollte folglich in der Lage sein, Informationen kritisch nach ihrer Herkunft zu bewerten. Eine solche Bewertung muss er ohnehin stets vornehmen, denn vollständig objektive Informationen existieren nur in der Theorie. Gerade in der heutigen Zeit, in der der Arzneimittelsektor stark politisiert ist, und sich die am Markt Beteiligten stets im einleitend beschriebenen Spannungsfeld zwischen wirtschaftlichen, gesundheitlichen und ethischen Interessen und Sichtweisen bewegen, trägt jede Arzneimittelinformation den (subjektiven) Stempel dessen, der sie vermittelt.[384] Jedoch führen suggestive Elemente einer Arzneimittelwerbung nicht dazu, dass die Bedürfnisse des einzelnen Patienten im Hinblick auf eine Arzneimitteltherapie suggeriert werden. Schließlich hat der Patient von sich aus nach den Arzneimittelinformationen gesucht. Er fühlt sich dann nicht alleine deswegen krank, weil er die Werbung für ein Arzneimittel gesehen hat – die Werbung macht ihn lediglich auf Möglichkeiten zur Heilung aufmerksam.[385] Zudem setzt ein Zuvielgebrauch von Arzneimitteln voraus, dass Patienten ihren Arzt bedrängen, ihnen ein bestimmtes Arzneimittel zu verschreiben, obwohl sie dieses nicht benötigen. Dies ist jedoch, wie bereits im Bezug auf das Verhältnis zwischen Arzt und Patient erläutert, nicht realistisch.

Drittens müsste der Arzt, wenn er den Patienten nicht durch Erklärungen von der Unzweckmäßigkeit der gewünschten Therapieform überzeugen vermag, wider besseres Wissen ein Arzneimittel verschreiben, das er für den betreffenden Patienten für ungeeignet hält. Somit würde der Arzt im Extremfall sogar ei-

[382] *Eisenmann/Jautz* (2004), Rz. 366

[383] BGH, GRUR 52, 416 f. – Dauerdose; vgl. hierzu auch *Eisenmann/Jautz* (2004), Rz. 416

[384] Zur Unmöglichkeit der objektiven Information vgl. *Gehring* (1992), S. 113; *Nickel* (1987). S. 28 f.

[385] *Nickel* (1987), S.29

ne Gesundheitsgefährdung dieses Patienten in Kauf nehmen. Davon abgesehen, dass dies dem Arzt gesetzlich untersagt ist, erscheint es insbesondere im Lichte der ethischen Verantwortung und der Güte der Ärzte innerhalb der Europäischen Union äußerst unrealistisch. Ein Arzt wird einem Patienten nicht ein Arzneimittel verschreiben, das er für den betreffenden Patienten für ungeeignet hält, nur weil dieser ihn darum bittet.

So würde auch ein Anstieg des Konsums von Arzneimitteln infolge von Publikumswerbung nicht bedeuten, dass diese ineffektiv, im Sinne eines Zuvielgebrauches der Mittel, eingesetzt würde. Wenn der Konsumanstieg eine Folge geänderter Präferenzen der Bevölkerung hin zu besseren und aufwändigeren Gesundheitsleistungen darstellt, ist dies grundsätzlich keine Fehlentwicklung.[386] Es ist nicht negativ zu bewerten, wenn Patienten durch Arzneimittelinformation dazu bewegt werden, Arzneimittel einzunehmen, die für ihre Therapie geeignet und zweckmäßig sind. Wenn Patienten durch Information auf Krankheitssymptome oder Präventionsmöglichkeiten aufmerksam gemacht werden und sich daraufhin von einem Arzt ein geeignetes Arzneimittel verordnen lassen, ist diese Entwicklung wünschenswert, da sie die gesundheitliche Versorgung der Bevölkerung verbessert. Sollte eine solche Entwicklung eintreten, wäre sie vielmehr ein Anzeichen dafür, dass zuvor eine Arzneimittelunterversorgung herrschte.

Dass ein weiterer Anstieg des Arzneimittelkonsums möglicherweise zu einer Mehrbelastung der Krankenkassen führt, die diese Belastungen bald nicht mehr zu tragen in der Lage sind, kann hier als Argument nicht gelten. Finanzierungsnöte eines Gesundheitssystems dürfen schließlich nicht dazu führen, dass Patienten eine zweckmäßige Therapie vorenthalten wird – sie sollten allenfalls dazu führen, dass die Struktur des Systems in Frage gestellt wird.

Zusammenfassend bleibt festzustellen, dass Präferenzverschiebungen zugunsten der beworbenen Mittel nicht auszuschließen sind, ein ineffizienter Einsatz von Arzneimitteln allein aufgrund vermehrter Patienteninformation jedoch nicht zu befürchten ist.

6.2. Bereits vorhandene Regelungen

Zunächst ist festzuhalten, dass das deutsche Heilmittelwerberecht unabhängig von dem gegenwärtig bestehenden Verbot der Publikumswerbung noch eine Vielzahl anderer Vorschriften und Anforderungen an Arzneimittelwerbung stellt. Diese Vorschriften würden im Falle der Lockerung des Informationsverbotes nach wie vor für alle Arzneimittelwerbemaßnahmen für verschreibungspflichtige Mittel gelten. Sie sollen im Folgenden kurz dargestellt werden.

---

[386] BMGS (2003), S. 143; siehe auch: Kap. 2.2.

So darf Werbung auf diesem Gebiet grundsätzlich nicht irreführend sein. Eine Irreführung wird insbesondere dann angenommen, wenn mit nicht nachgewiesenen Wirkungen oder sicheren Therapieerfolgen oder Unwahrheiten im Hinblick auf das Mittel selbst geworben wird.[387] Gegenüber dem Publikum ist die Werbung mit Gutachten, Zeugnissen, Empfehlungen, sonstigen Äußerungen Dritter, fachlichen Prüfungen oder Krankengeschichten grundsätzlich untersagt.[388]

Verboten sind auch:

- die bildliche Darstellung von Personen in der Berufskleidung oder bei Ausübung eines Heilberufes,
- die bildliche Darstellung von Veränderungen des Körpers durch die Krankheit,
- Werbung mit Äußerungen, die dazu geeignet sind, Angstgefühle hervorzurufen,[389]
- Veröffentlichungen, deren Werbezweck verschleiert ist,
- Werbemaßnahmen, die sich an Kinder unter 14 Jahren richten,
- die Werbung mit Preisausschreiben und schließlich die Abgabe von Mustern.[390]
- Zudem ist auch solche Werbung verboten, die nahe legt, dass die Wirkung eines Arzneimittels einem anderen Arzneimittel oder einer anderen Behandlung entspricht oder überlegen ist.[391] Durch diese Bestimmung, die eine (verspätete) Umsetzung[392] der maßgeblichen EU-Richtlinie[393] darstellt, wird folglich jede Form vergleichender Werbung auf diesem Gebiet untersagt, da diese Werbeform für Publikumswerbemaßnahmen für verschreibungspflichtige Arzneimittel auch ungeeignet erscheint. Schließlich soll eine Werbemaßnahme die Patienten über die Anwendungsgebiete, Wirksamkeit, Risiken, Nebenwirkungen, Wechselwirkungen und den Preis des jeweils beworbenen Arzneimittels informieren. Vom individuellen Nutzen des Arzneimittels im Vergleich zu anderen Arzneimitteln soll sich der interessierte Patient – wenn überhaupt – selbst ein Bild machen und dann ggf. seinen Arzt konsultieren. Die ab-

387 § 3 HWG

388 §§ 6, 11 Abs. 1 HWG

389 § 11 Nr. 7 HWG; ein Verstoß gegen diese Vorschrift erfüllt gleichzeitig den Tatbestand des § 4 Nr. 2 UWG, vgl. *Eisenmann/Jautz* (2004), Rz. 412

390 Vgl. § 11 Abs. 1 HWG

391 § 11 Abs. 2 HWG

392 Vgl. Doepner/Reese (1998), S. 766

393 Art. 90 Lit. b) RiLi 2001/83/EG

schließende Entscheidung für oder wider ein bestimmtes Arzneimittel bleibt ohnehin dem Arzt überlassen. Somit würden Werbeaussagen wie „Präparat A ist Präparat B im Hinblick auf X überlegen" den Patienten erheblich verunsichern, sollte die Wahl des Arztes – aus welchen Gründen auch immer – auf Präparat B fallen.

Darüber hinaus enthält das HWG auch einen Katalog von Angaben und Hinweisen, die jede Arzneimittelwerbung enthalten muss. Darunter fallen unter anderem der Name desjenigen, der das Arzneimittel in Verkehr bringt, die Zusammensetzung des Arzneimittels[394], die Anwendungsgebiete, die Gegenanzeigen, die Nebenwirkungen, Warnhinweise[395], ein Hinweis auf eine Verschreibungspflichtigkeit und bei Werbung außerhalb der Fachkreise der Text „ Zu Risiken und Nebenwirkungen lesen Sie die Packungsbeilage und fragen Sie Ihren Arzt oder Apotheker".[396] Diese sämtlichen Anforderungen, Beschränkungen und Verbote bestehen unabhängig von dem Verbot der Publikumswerbung für verschreibungspflichtige Arzneimittel und sollen durch eine Liberalisierung von Publikumswerbung nicht berührt werden.

Ähnliche Vorschriften gibt es auch auf europäischer Ebene, so dass diese in der gesamten Europäischen Union Geltung entfalten.[397] Zunächst formuliert die Richtlinie 2001/83/EG grundsätzliche Anforderungen an Arzneimittelwerbung. So darf für Arzneimittel, für deren Inverkehrbringen keine Zulassung besteht, nicht geworben werden. Weiterhin müssen alle Elemente einer Werbung mit der Zusammenfassung der Merkmale des Arzneimittels vereinbar sein. In der Zusammenfassung der Merkmale werden Zusammensetzung, Darreichungsform, Anwendungsgebiete, Gegenanzeigen, Nebenwirkungen und viele weitere Daten zu einem Arzneimittel festgeschrieben.[398] Außerdem muss jede Arzneimittelwerbung den zweckmäßigen Einsatz des Arzneimittels fördern, indem sie seine Eigenschaften objektiv und ohne Übertreibung darstellt und sie darf nicht irreführend sein.[399]

---

394 Gem. § 4 Abs. 1 HWG i.V.m. § 11 Abs. 1 Satz 1 Nr. 2 AMG „die arzneilich wirksamen Bestandteile nach der Art und Menge und die sonstigen Bestandteile nach der Art".

395 Soweit solche für die Verpackung vorgeschrieben sind.

396 Vgl. § 4 HWG

397 Es sei angemerkt, dass der „Gemeinschaftskodex für Humanarzneimittel" als Richtlinie den einzelnen Mitgliedstaaten stellenweise einen Spielraum bei der Umsetzung in nationales Recht zubilligt. Dies ist regelmäßig der Fall bei konjunktivischen Formulierungen im Richtlinientext. In diesen Punkten können folglich die nationalen Ausgestaltungen der Vorschriften bezüglich Arzneimittel-werbung voneinander abweichen.

398 RiLi 2001/83/EG Art. 11

399 RiLi 2001/83/EG Art. 87

Unabhängig von den Beschränkungen für Publikumswerbung stellt der europäische Gesetzgeber auch eine Reihe von Anforderungen an die zulässigen Werbemaßnahmen gegenüber der Öffentlichkeit – also Publikumswerbung. So muss jede Werbemaßnahme derart ausgestaltet sein, dass ihr Werbecharakter klar zum Ausdruck kommt. Sie muss außerdem den Namen des Arzneimittels nennen und die für eine sinnvolle Verwendung unerlässlichen Informationen angeben sowie eine ausdrückliche Aufforderung zum Lesen der Packungsbeilage enthalten.[400] Publikumswerbemaßnahmen dürfen darüber hinaus keine Elemente enthalten, die

- eine ärztliche Untersuchung als überflüssig erscheinen lassen,
- nahe legen, dass die Wirkung des Arzneimittels ohne Nebenwirkungen garantiert wird oder einer anderen Behandlung oder einem anderen Arzneimittel entspricht. Hierdurch wird vergleichende Werbung auf diesem Gebiet also verboten.[401]
- nahe legen, dass die normale Gesundheit des Patienten durch die Verwendung des Arzneimittels verbessert werden könnte,
- nahe legen, dass die normale Gesundheit bei Nichtverwendung beeinträchtigt werden könnte,
- ausschließlich oder vorwiegend für Kinder gelten,
- sich auf Empfehlungen von Wissenschaftlern, im Gesundheitswesen tätigen oder sonstigen bekannten Personen beziehen,
- durch eine ausführliche Beschreibung der Anamnese zu einer falschen Selbstdiagnose verleiten könnte,
- sich in missbräuchlicher, abstoßender oder irreführender Weise auf Genesungsbescheinigungen beziehen,
- in missbräuchlicher, abstoßender oder irreführender Weise bildliche Darstellungen der Veränderungen des Körpers aufgrund von Krankheit oder der Wirkung des Arzneimittels verwenden.[402]

All diese Anforderungen muss eine Publikumswerbung folglich in jedem Fall erfüllen, unabhängig davon, ob sie für ein verschreibungspflichtiges oder ein freiverkäufliches Arzneimittel wirbt. Es gilt also nun insbesondere die Anforderungen zu formulieren, die eine Publikumswerbung für verschreibungspflichtige Arzneimittel darüber hinaus erfüllen muss.

---

400 RiLi 2001/83/EG Art. 89
401 Vgl. *Doepner/Reese* (1998), S. 766
402 RiLi 2001/83/EG Art. 90

6.3. Das Modell

Ein Modell zur Erweiterung der Möglichkeiten der Patienteninformation sollte die folgenden Regelungen enthalten:

1. Zunächst muss geregelt werden, wann, wo und wie die Patienten auf die Informationen zugreifen können. Wenn der Patient durch die Werbemaßnahme tatsächlich umfassend über ein Arzneimittel informiert werden soll, benötigt er Zeit und Ruhe, um die Information zu studieren. In diesem Zusammenhang ist zu erwähnen, dass für Fernsehwerbung für verschreibungspflichtige Arzneimittel ohnehin ein weiteres Publikumswerbeverbot aus Richtlinie 89/552/EWG besteht. Dieses sollte aufrechterhalten werden, bzw. zusammen mit einem Werbeverbot für die übrigen o.g. Medien in das Modell zur Liberalisierung von Publikumswerbung integriert werden.
   Geeignet für eine ausführliche Informationsvermittlung sind vom Hersteller unterhaltene Internetseiten, die sich insbesondere auch wegen ihrer schnellen Aktualisierungsmöglichkeit anbieten. Die Auslage von Patientenbroschüren oder Merkblättern in Apotheken oder ärztlichen Wartezimmern wird in diesem Zusammenhang auch als zulässig erachtet. Zudem sollte es möglich sein, Broschüren auf dem Postweg an die Patienten zu versenden. Damit jedoch nur interessierte Patienten diese Broschüren erhalten und somit die „Pull-Situation" gewahrt bleibt, darf dies nur auf explizite Anfrage der Patienten möglich sein. Auch Emailwerbung und sonstige Werbung über elektronische Kommunikationswege darf nur dann gestattet sein, wenn der Empfänger die betreffenden Informationen ausdrücklich erfragt.

2. Interessierte Patienten müssen alle relevanten Informationen, einschließlich der Vor- und Nachteile eines Arzneimittels erhalten, die sie benötigen, um sich eine erste eigene Meinung über die Eigenschaften und die Eignung des Präparates zu bilden. Hierbei erscheint das amerikanische Prinzip der ‚fair balanced information' als durchaus geeignet[403], da es dafür Sorge trägt, dass die Patienten in ausgewogenem Maße über die Nutzen und Risiken eines Arzneimittels informiert werden. Diese Informationen sollten auch nebeneinander und in vergleichbarer Art und Weise in der Werbung präsentiert werden (vgl. unten, Punkt 4.).
   Prinzipiell sollten alle Informationen, die auch in der Packungsbeilage[404] anzugeben sind, auch in der Werbung enthalten sein.[405] Eine Verkür-

---

[403] Wie die Studienergebnisse aus den USA zeigen, vgl. Kap. 5.2.1.3.1.

[404] Vgl. § 11 AMG

zung sollte grundsätzlich unzulässig sein, da diese Informationen bereits behördlich geprüft sind.

Zusätzlich sollten Patienten in der Werbung auch über den Preis des Mittels, sowie über die Erstattungsfähigkeit durch gesetzliche Krankenkassen informiert werden. Zudem sollten noch eventuell anfallende Zuzahlungen angegeben werden. Einen vergleichbaren Katalog von Anforderungen an Patienteninformationen stellt auch die EU-Kommission auf.[406] Hiernach sollte eine qualitativ-hochwertige Patienteninformation die folgenden Anforderungen erfüllen:

- Auf gewöhnliche/häufige Sorgen und Missverständnisse seitens der Patienten soll eingegangen werden.
- Auf alle wichtigen Behandlungsalternativen soll eingegangen werden.
- Die Information soll ehrliche Angaben zu Nutzen und Risiken enthalten.
- Es soll eine Checkliste mit Fragen für den Arzt enthalten sein.
- Es sollen klare Angaben über die Herkunft der Information und ein evtl. bestehendes Sponsoring-Verhältnis[407] gemacht werden.
- Es sollen wissenschaftliche Quellen angegeben werden, auf die sich z.B. eine Aussage auf die Wirksamkeit stützt.
- Zudem soll stets ein Veröffentlichungsdatum angegeben werden.

3. Die Informationen müssen inhaltlich derart aufbereitet werden, dass sie auch für medizinische Laien ohne weiteres verständlich sind. Hierzu sind ausführlichere Formulierungen zu wählen und ggf. Hintergrundinformationen und Erläuterungen anzugeben. Auf medizinische Fachbegriffe sollte weitestgehend verzichtet werden, wenn diese jedoch notwendig erscheinen, sind sie näher zu erläutern. Selbstverständlich sind die Informationen in der Landessprache des jeweiligen Landes, in dem sie publiziert werden, anzugeben.[408]

4. Die Informationen müssen formal derart aufbereitet sein und präsentiert werden, dass die Patienten sie problemlos erfassen können. Hierzu müssen auch hohe Anforderungen an die Medien gestellt werden, die die Informationen zum Patienten transportieren. Diese Anforderung ist bereits

[405] Dies ist bereits durch die Anforderungen nach § 4 HWG abgedeckt.

[406] Europäische Kommission (2001), S. 6f.

[407] Wenn also etwa der Werbende durch einen Dritten beauftragt/gesponsert wurde.

[408] Wobei die Angaben zusätzlich auch in weiteren Sprachen verfügbar gehalten werden könnten, soweit eine Überwachung des Inhaltes sichergestellt ist.

weitestgehend durch die Beschränkung auf Internetseiten und ggf. Broschüren erfüllt. Zudem müssen die Informationen in gut lesbarer Schrift, ausreichender Schriftgröße, etc. präsentiert werden.
Die relevanten Informationen, z.B. zu Risiken und Nebenwirkungen eines Arzneimittels, sollten nach amerikanischem Vorbild in den Text der Werbung eingebunden werden. Auf die Verbannung solcher Informationen in das „Kleingedruckte" ist zu verzichten. Dem Prinzip der „fair balanced information" ist hier auch in dem Sinne Rechnung zu tragen, dass Informationen zu Risiken und Nebenwirkungen in gleicher Form und an vergleichbarer Stelle wie Informationen zum Nutzen des Arzneimittels wiederzugeben sind.

5. Patienten dürfen durch die Arzneimittelinformation nicht irregeführt oder unsachlich beeinflusst werden. Es muss sichergestellt werden, dass alle (unvermeidbaren) suggestiven Elemente der Information auf ein Minimum reduziert werden. Dies geschieht in erster Linie durch das Prinzip von „fair balanced information".
   Die Angabe falscher Werbeaussagen und Behauptungen, sowie sonstige unsachliche oder irreführende Aussagen sind bereits durch die allgemeinen Anforderungen an Arzneimittelwerbung unterbunden.[409] Einer darüber hinausgehenden Regelung bedarf es hier nicht.

6. Die Patienten müssen insbesondere, weil es sich bei den in Rede stehenden Arzneimitteln um verschreibungspflichtige Arzneimittel handelt, explizit und in besonders hervorgehobener Form auf die Verschreibungspflicht des Mittels hingewiesen werden. Weiterhin sollen die Patienten aufgefordert werden, zu weiteren Fragen ihren Arzt zu konsultieren, wenn sie der Meinung sind, das Arzneimittel zu benötigen. Hierbei muss unmissverständlich klar werden, dass allein ein Arzt fachlich abschätzen kann, ob ein Arzneimittel geeignet bzw. notwendig ist und nur er die endgültige Entscheidung über die Arzneimitteltherapie treffen kann. Dies könnte durch folgenden gut lesbaren Zusatz geschehen:
   „Dieses Arzneimittel unterliegt einer ärztlichen Verschreibungspflicht. Nur Ihr Arzt kann feststellen, ob dieses Arzneimittel für Sie geeignet ist. Sollten Sie sich für eine Therapie mit diesem Arzneimittel interessieren, sprechen Sie bitte mit Ihrem Arzt."

7. Unabhängig von den Informationen zu dem Arzneimittel sollten auch Informationen zu der betreffenden Krankheit geliefert werden. Hier-

[409] Vgl. Kap. 6.2.

durch sollen die Patienten einerseits stärker in ihre Behandlung eingebunden werden. Sie sollen verstehen können, was ihnen fehlt und wie das Arzneimittel ihnen helfen kann.
Bei Patienten könnte auf diese Weise ein Bewusstsein für bestimmte Krankheitssymptome hergestellt werden. Sie können so dahingehend sensibilisiert werden, den Beginn einer Erkrankung frühzeitig zu erkennen. Hierbei muss jedoch sichergestellt werden, dass bei den Patienten keine Angst oder Panik erzeugt wird und gleichzeitig auch Selbstdiagnosen vermieden werden. Es muss klar sein, dass der Patient im Zweifel einen Arzt aufsuchen sollte. Daher ist die Nennung von Symptomen wohl nur bei bestimmten Krankheiten sinnvoll. Welche das sind, sollten Fachleute entscheiden. Möglich und sinnvoll erscheint aber die Nennung verschiedener, leicht erkennbarer Krankheitsanzeichen, z.B. bei Krankheiten wie Diabetes oder Allergien, während dies z.B. bei erhöhten Blutfettwerten wohl nicht ohne weiteres möglich wäre.
Sinnvoll wäre in diesem Zusammenhang auch die verpflichtende Nennung von Präventionsmaßnahmen, die der betreffenden Krankheit von vorne herein vorbeugen. So sollte beispielsweise Werbung für AIDS-Medikamente auf den Schutz durch Kondome hinweisen, Werbung für Arzneimittel zur Blutfettsenkung sollte zu einer gesunden Ernährung raten und Werbung für Präparate zur Behandlung von Nikotin- oder Alkoholabhängigkeit sollte zudem auf die Gefahren von Alkohol- und Tabakkonsum hinweisen.

8. Weiterhin sollte die Werbung den Patienten zum Bezug weiterer und ausführlicher Informationen aus möglichst objektiven Quellen anregen und ihm weitere Informationsquellen angegeben. Hierbei kann er einerseits wieder darauf hingewiesen werden, seinen Arzt zu konsultieren, oder er kann z.B. auf weitere Internetseiten des Herstellers verwiesen werden. Ihm kann auch die Bestellung einer Patientenbroschüre angeboten werden. Der Verweis auf sonstige externe Quellen erscheint bei Arzneimittelwerbung zumindest nur mit Einschränkungen zulässig, da § 11 Abs. 1 Nr. 2 eine Werbung außerhalb der Fachkreise verbietet, die darauf hinweist, dass das Arzneimittel anderweitig fachlich empfohlen oder geprüft wurde. Ein Verweis in einer Herstellerwerbung, z.B. auf ein konkretes Testurteil der Stiftung Warentest, wäre somit wohl nicht möglich.

9. Es sollte weitgehend sichergestellt sein, dass die Ärzte mit den beworbenen Arzneimitteln vertraut sind, damit sie angemessen auf Patienten-

anfragen reagieren können.[410] Daher sollten die Arzneimittelhersteller dazu verpflichtet werden, nach Einführung eines neuen Arzneimittels zunächst die Ärzte hinreichend zu informieren, bevor sie Patienteninformationen verfügbar machen.

10. Abschließend muss ein Modell zur Ermöglichung von Publikumswerbung für verschreibungspflichtige Arzneimittel auch die Überwachung der Einhaltung und die Kontrolle der vorgenannten Anforderungen sicherstellen. Den zuständigen Stellen müssen zudem Maßnahmen zur Ahndung von Verstößen an die Hand gegeben werden. Die europäische Richtlinie 2001/83/EG fordert bereits jetzt von den Mitgliedstaaten geeignete und wirksame Mittel zur Überwachung der Arzneimittelwerbung.
So sollen zur Überwachung der Werbung die Personen, die ein berechtigtes Interesse am Verbot einer gegen die Werbevorschriften verstoßenden Werbung haben, in die Lage versetzt werden, gegen die Werbung vorzugehen. Die Gerichte oder zuständigen Verwaltungsstellen müssen dann die Möglichkeit haben, die Werbung einzustellen oder ggf. vor ihrer Veröffentlichung zu verbieten. Um die fortdauernde Wirkung einer irreführenden Werbung zu beseitigen, können die Mitgliedstaaten rechtskräftige Entscheidungen zur Einstellung einer solchen Werbemaßnahme veröffentlichen lassen oder verlangen, dass eine Berichtigung der irreführenden Werbung veröffentlicht wird.[411]
Nach deutschem Wettbewerbsrecht wären zur gerichtlichen Geltendmachung eines Verstoßes gegen Werbevorschriften alle betroffenen Mitbewerber des Werbenden, bestimmte Unternehmensverbände und Verbraucherschutzverbände sowie Industrie- und Handelskammern aktiv legitimiert.[412] Sie alle hätten im Falle eines Verstoßes gegen Werbevorschriften das Recht, die Werbung notfalls auch im einstweiligen Verfügungsverfahren verbieten zu lassen. Eine zeitnahe Ahndung von Verstößen wäre somit auch sichergestellt.
Der europäische Gesetzgeber gestattet zudem auch ein System der Vorabkontrolle der einzelnen Werbemaßnahmen.[413] Von einer solchen Regelung sollte jedoch Abstand genommen werden, um die Industrie durch eine Überregulierung nicht zu stark zu belasten. Vielmehr sollte auf eine

410 Vgl. Auch *Harms/Drüner* (2003a), die „acht goldene Regeln" für Publikumswerbung aufstellen und hierbei eine frühzeitige Einbeziehung von Ärzten für besonders wichtig halten.
411 RiLi 2001/83/EG Art. 97
412 § 8 Abs. 3 UWG i.V.m. § 17 HWG
413 RiLi 2001/83/EG Art. 97 Abs. 1

Selbstkontrolle durch den Wettbewerb und die Industrie vertraut werden, die von effizienten und schnellen gerichtlichen Interventionsmöglichkeiten im Falle eines Verstoßes flankiert wird. Denkbar wäre jedoch eine behördliche Stelle, die eine freiwillige Vorabkontrolle anbietet, so dass ein Arzneimittelhersteller seine Werbung vorab überprüfen lassen kann, um sich zu versichern, dass diese zulässig ist. In diesem Fall könnten freiwillig geprüfte Informationen auch mit einer Art „behördlichem Gütesiegel“ ausgestattet werden, das auf die Überprüfung hinweist.

Zusätzlich sollte der Verstoß gegen die wichtigsten Werbevorschriften als Ordnungswidrigkeit im Sinne des § 15 Abs. 1 HWG definiert werden. Dies könnte z.B. ein Verstoß gegen das Verbot des direkten Herantragens von Informationen an den Patienten sein. Auch das Fehlen von Angaben zu Risiken und Nebenwirkungen des Arzneimittels und die Werbung mit wissentlich falschen Angaben sollten mit einer Geldbuße sanktioniert werden.[414]

Die nationalen sowie auch der europäische Gesetzgeber könnten zudem in Kooperation mit den Arzneimittelherstellern einen Verhaltenskodex ausarbeiten, auf dessen Grundlage ein wirksames System der Selbstregulierung und Selbstkontrolle der Pharmaindustrie zusätzlich implementiert werden könnte.[415]

---

414 Die Verstöße könnten in Deutschland in den Ordungswidrigkeitenkatalog des § 15 Abs. 1 HWG aufgenommen werden und würden so mit einer Geldbuße von bis zu € 50.000 belegt.

415 Zur Wirksamkeit einer Selbstkontrolle der pharmazeutischen Industrie siehe: *Fink-Anthe* (2006), S. 267

7. Fazit / Zusammenfassung

Der Arzneimittelmarkt stellt sich als sehr komplexes Gebilde mit einer Vielzahl verschiedener beteiligter Parteien dar, auf dem die Funktionen des „Entscheidens", des „Verwendens" und des „Bezahlens", zumindest im Bereich der verschreibungspflichtigen Arzneimittel, weitgehend auseinander fallen. Ursprünglich entschied allein der Arzt darüber, welches Arzneimittel bei einem Patienten zum Einsatz kommen sollte. Die Rolle des Patienten beschränkte sich auf die Einwilligung in die Therapie und die Verwendung des Arzneimittels, während die Krankenkasse für die Kosten aufkam.

Diese klare Trennung beginnt zunehmend zu verschwimmen. Durch ein Ansteigen der Ausgaben für Arzneimittel bei sinkenden Einnahmen sehen sich die Krankenkassen veranlasst, die einzelnen Patienten verstärkt direkt an den Kosten für die Arzneimittel zu beteiligen bzw. diese Ausgaben gänzlich auf die Patienten überzuwälzen. Auf diese Weise entwickelt der Patient sich immer mehr zu einem zahlenden Kunden, der wissen möchte, was er kauft. Zudem kommt er so zunehmend in die Situation, selbst über den Einsatz eines bestimmten Arzneimittels (mit)entscheiden zu müssen. Um dieser Rolle gerecht zu werden, muss er den Wert eines Arzneimittels im Sinne eines Preis-Leistungs-Verhältnisses einschätzen können. Hierzu benötigt er umfassende Informationen über die betreffenden Arzneimittel.

Darüber hinaus hat sich auch das Bild des Patienten in der Europäischen Union hin zu einem verständigen und mündigen Patienten entwickelt. Staatlicherseits erwartet man von den Patienten, eigene Verantwortung für ihre Gesundheit zu übernehmen und aktiv an ihrer Behandlung teilzuhaben. Auf der anderen Seite wollen die Patienten auch in ihre Therapie eingebunden werden. Sie wollen verstehen, was ihnen fehlt und wie ihnen geholfen werden kann. Sie wollen in der Lage sein, die Entscheidungen ihrer Ärzte – im Rahmen ihrer Möglichkeiten – kontrollieren zu können und ihr nicht blind vertrauen zu müssen.

Aus diesen Gründen sollten die Patienten Zugang zu umfassenden Informationen auch über verschreibungspflichtige Arzneimittel haben. Solche Informationen müssen zudem verlässlich sein und es muss für den Patienten ersichtlich sein, wer ihn informiert. Zum gegenwärtigen Zeitpunkt sind jedoch Informationen, die diese Anforderungen erfüllen, im Falle von verschreibungspflichtigen Arzneimitteln nur in geringem Ausmaß verfügbar. Staatliche Stellen publizieren nur wenige konkrete Arzneimittelinformationen hierüber und verlässliche und fachlich-qualifizierte private Quellen für Arzneimittelinformationen gibt es auch nur vereinzelt. Dem gegenüber steht das Internet, aus dem die Patienten eine nicht zu beziffernde Anzahl verschiedener Informationen über Arzneimittel beziehen können, von denen jedoch die wenigsten die oben genannten Anforderungen erfüllen. Als verlässlichste Informationsquelle bleiben so die Ärzte. Gerade sie können als Informationsquelle jedoch nicht den Anspruch der Patienten erfüllen, die Entscheidung des Arztes zu hinterfragen und als „mündige Patienten“ mit ihm entsprechend diskutieren zu können.

Eine Instanz, die umfassende Informationen über Arzneimittel besitzt und gleichzeitig ein Interesse und die Mittel hat, diese Informationen zu verbreiten, sind die Hersteller der betreffenden Arzneimittel. Aufgrund eines in der gesamten Europäischen Union geltenden Werbeverbotes ist es ihnen jedoch verboten, die Patienten über ihre Arzneimittel zu informieren, sobald die Präparate der gesetzlichen Verschreibungspflicht unterliegen.

Im Interesse eines „informierten und Information suchenden Patienten“ ist ein pauschales Werbeverbot für verschreibungspflichtige Arzneimittel, das auch fachlich richtige und sachliche Informationen untersagt, jedoch weder zeitgemäß noch zielführend. Werbeverbote sollten sich vielmehr daran orientieren, ob eine Werbung geeignet ist, die Patienten mit den benötigten Informationen in angemessener Form und Weise zu versorgen. Werbung, die die Patienten auf Wunsch mit sachlichen Informationen versorgt, muss erlaubt sein, nur Werbung, die diesen Anspruch nicht erfüllt, gehört verboten.

Um dem gegenwärtigen Informationsdefizit Abhilfe zu schaffen und so die dem Patienten zur Verfügung stehenden Informationsquellen zu vervollständigen, sollte es daher den Arzneimittelherstellern gestattet werden, den Patienten Sachinformationen über ihre Produkte zur Verfügung zu stellen. Hierbei muss sichergestellt sein, dass nur die interessierten Patienten mit Informationen versorgt werden und dass diese Informationen hohen Anforderungen genügen. Dem Hersteller soll daher nur gestattet werden, die Information bereit zu stellen. Ob der Patient von dieser Informationsmöglichkeit auch Gebrauch macht, entscheidet er selbst. In diesem Zusammenhang soll die Verbesserung der Informationsmöglichkeiten auch der paradoxen Situation abhelfen, dass gegenwärtig der Hersteller eines Arzneimittels der einzige ist, der nicht über das Mittel informieren darf.

Erfahrungen in den USA und in Neuseeland, wo Publikumswerbung erlaubt ist, haben gezeigt, dass die Hersteller in der Lage und willens sind, den Patienten die benötigten Arzneimittelinformationen in angemessener Form zu verschaffen. Studien lassen den Schluss zu, dass die Patienten in diesen Ländern sachlich und ausgewogen über verschreibungspflichtige Arzneimittel informiert wurden und so in die Lage versetzt wurden, mit ihren Ärzten über Therapiemöglichkeiten und Arzneimittel zu sprechen. Im Gegensatz zum hier vorgeschlagenen Modell ist in diesen Ländern zudem sogar eine initiative Werbung („Push-Situation“) bei den Patienten möglich.

Voraussetzung für ein Funktionieren einer solchen Kommunikation von den Arzneimittelherstellern an die Patienten ist die zweckmäßige Ausgestaltung von Rahmenbedingungen, unter denen die Hersteller über ihre Mittel aufklären dürfen und die Formulierung von Anforderungen, die eine solche Patientenaufklärung erfüllen muss.

Vor diesem Hintergrund ist an die jeweiligen Gesetzgeber einschließlich der EU zu appellieren, den bestehenden Defiziten Abhilfe zu schaffen und die Vorschriften für Publikumswerbung in diesem Sinne zu lockern. Zudem könnte die Lockerung schließlich auch einen Mehrwert für alle Beteiligten generieren. Mit vervollständigter Arzneimittelinformation können die Patienten zu einem gesundheitsbewussteren Verhalten angeregt werden. Des Weiteren würde der Markt transparenter werden, was zu einer erhöhten Effizienz in der Versorgung mit Arzneimitteln führen kann. Zudem könnten informierte Patienten auch die Beziehung zwischen Arzt und Patient aufwerten und ggf. ärztliche Behandlungszeit einsparen. Diese Gründe sollten dem Gesetzgeber Anlass genug sein, Patienten die Möglichkeit zu geben, Informationen über verschreibungspflichtige Arzneimittel auch vom Hersteller zu beziehen.

8. Abstract

A great number of different parties are involved in the market for pharmaceuticals what makes this market very complex. In case of prescription-only-medicines (POM) the physician decides about the treatment while the patient uses the pharmaceutical; the health insurance fund then generally pays for it. Therefore the patients' role in the patient – physician relationship was usually limited to his consent with the physician's decision for a certain treatment and the usage of the pharmaceutical. He was not involved in the decision for a certain pharmaceutical.

Over the last decade the spending on pharmaceuticals is constantly increasing in many European Union Member States. This is mostly due to the fact that Europeans are getting older and that innovative pharmaceuticals are getting more expensive. Also growing prosperity leads to higher spending on health. As the social health insurance funds are often not able to cover the increased spending, they tend to establish co-payment schemes. So the private pharmaceutical spending constantly increases.

This is leading to a situation, where patients become paying customers. They also get more and more involved in the decision for or against a treatment with a certain pharmaceutical. The physician still decides which treatment or drug-class the patient needs. But if there are a couple of comparable pharmaceuticals available, the patient has to decide, which one he wants to pay for. To make this decision the patient needs objective and appropriate information about the available pharmaceuticals.

Besides this reason, there is a common call for more and better patient information throughout the European Union. The European Commission names health literate citizens an asset to society[416] and patient organizations stress the need for more patient information, also on prescription drugs.[417] Patients suffering a disease want to understand what is wrong with them and want to learn about treatment options. They want to understand, why the physician decides for a certain treatment and they want to be part of this decision. Also governments want 'informed patients' to take self-responsibility for their health and play an active role in their treatment.

Despite these declarations and demands the sources for appropriate information on prescription drugs are rare. Physicians are the most trusted source for this kind of information, but patients also need other sources to be able to discuss with the physician. Governmental information on pharmaceuticals are

[416] European Commission (2001), P. 6

[417] International Alliance of Patients' Organizations (2002)

also rare and independent information sources are mostly expensive and sometimes of questionable quality. Especially the Internet contains hundreds of web pages full of drug information, of which the most are highly misleading or mostly wrong. But for patients it is important to receive appropriate, understandable and up-to-date information from a lot of different sources to be able to form an objective opinion on a pharmaceutical. Therefore it is also very important, that the patient is able to understand, who the author of certain information is and what his intent is. As patients know, that pharmaceutical manufactures usually want to sell their products or that health insurance funds want the patients to use rather cheaper drugs, they should generally be able to judge information by its source.

The pharmaceutical manufacturers are the ones that have appropriate and up-to date information on their products. They also have the will and means to inform patients about their products. But due to a ban on direct-to-consumer-advertising (DTCA) pharmaceutical manufacturers in the European Union are not allowed to supply the patients with information on prescription-only drugs.[418] This ban was introduced, because governments were convinced, that patients are not able to understand medical information and that DTCA would lead to inappropriate drug use or drug overconsumption. This ban does not check if the information supplied is wrong or right or if it is understandable or misleading, it prohibits every form of information. As soon as a drug is classified as 'prescription-only', the pharmaceutical manufacturers are not allowed to supply any information besides the package leaflet.

This strict ban of every communication from manufacturer to patient is not compatible with a modern understanding of healthcare and ignores the patients' need for more information on prescription drugs. As said before, it is generally accepted, that patients need more information also on prescription drugs. So, saying that patients were not able to understand medical information, cannot be an argument anymore. Fearing that DTCA would lead to drug overconsumption is also unfounded. Prescription-only-medicines will still be available on prescription-only. Advertising a drug to a consumer can therefore not cause the consumer to buy this drug, it can only cause him to visit his physician. The physician will still be the one to decide whether the patient needs a pharmaceutical or not.

Experiences in New Zealand and the US show, that drug advertisements can supply appropriate and understandable information to patients, if there are clear guidelines. DTCA helps patients to take an active part in their treatment

418 Article 88, Paragraph 1, Guideline 2001/83/EG

and improved the relation between patients and physicians. It helps patients to become aware of disease symptoms and new forms of treatment. By this patients can receive a needed treatment quicker. There seems to be no evidence, that DTCA promoted unnecessary drug use or caused an overconsumption of pharmaceuticals.

Therefore the options for pharmaceutical manufacturers to supply patients with information should be liberalized. Patients should have the option to obtain information about a pharmaceutical from different sources. One of these sources should be the manufacturer. He should not be the only party, which is not allowed to supply information. Yet he should still not be allowed to advertise actively to customers, but there he should be allowed to supply properly regulated information, that patients can obtain, if they wish. This form of patient information is called "pull-situation", as the patients are able to "pull" the information if they wish. (The opposite would be the "push-situation".) As the current ban on DTCA is based on a European Guideline, a law to modify it, would have to base on European Law as well. When liberalizing DTCA in the EU it must be provided, that only high-quality patient information is provided to the patients. High-quality information is information, which is appropriate, understandable and up-to-date. It must also contain a balanced amount of information on benefits versus potential adverse effects or risks of the pharmaceutical. As misleading advertisements, advertisements that compare a drug with another one or other forms of unfair promotion are already prohibited in Europe, a model law on DTCA must only contain a few more rules and guidelines.

So Direct-to-Consumer promotion of prescription drugs should be liberalized in the European Union, as the current ban of all information is not appropriate anymore. Patients should have the right to obtain high-quality information from different sources, one of them being the manufacturer. And pharmaceutical manufacturers should have the right to supply information to patients, if patients want this information. If the guidelines assure that only high-quality information is supplied, DTCA cannot just help the current deficit of appropriate information. It could also generate benefits for patients, physicians and the whole health care system, as it could lead to a more effective use of pharmaceuticals, to an improved relationship between patients and physicians and to a reduced spending on pharmaceuticals. Therefore the European legislator should enable the pharmaceutical industry, to supply high-quality information on prescription drugs to interested patients.

9. Literaturverzeichnis

Aikin, Kathryn (2002): *Direct-to-Consumer Advertising of Prescription Drugs: Patient Survey Results*, FDA – Division of Drug Marketing, Advertising and Communications, Washington

Aikin, Kathryn (2003): *Direct-to-Consumer Advertising of Prescription Drugs: Physician Survey Preliminary Results*, FDA – Division of Drug Marketing, Advertising and Communications, Washington

Aikin, Kathryn (2004): *The Impact of Direct-to-Consumer Prescription Drug Advertising on the Physician – Patient Relationship*, FDA – Division of Drug Marketing, Advertising and Communications, Washington

Bahrs, Ottmar (2003): *Mein Hausarzt hat Zeit für mich – Wunsch und Wirklichkeit, Ergebnisse einer europäischen Gemeinschaftsstudie*, G+G Wissenschaft, das Wissenschaftsforum in Gesundheit und Gesellschaft (GGW), 1/2003 S.17 – 23, Göttingen

Barth, Dieter (2003a): *Verbraucherinformationen über verschreibungspflichtige Arzneimittel – Teil 1*, Pharm.Ind. 65, Nr. 6, S. 572 – 576, Aulendorf

Barth, Dieter (2003b): *Verbraucherinformationen über verschreibungspflichtige Arzneimittel – Teil 2*, Pharm.Ind. 65, Nr. 7, S. 653 – 656, Aulendorf

Bastian, Hilda (2004): *Glaubwürdige Patienteninformation in Zeiten des Informationsüberflusses – Eine der Aufgaben des Institutes für Qualität und Wirtschaftlichkeit im Gesundheitswesen*, Die Ersatzkasse 12/2004, S. 489 – 491, Siegburg

Bastian, Hilda et al. (2005): *Förderung allgemeiner Gesundheits- und Wissenschaftskenntnisse mittels Bürger und Patienteninformation: Die Rolle des IQWiG*, Zeitschrift für ärztliche Fortbildung und Qualität im Gesundheitswesen 2005/99, S. 379 – 385

Booz/Allen/Hamilton / Felix Burda Stiftung (2005): *Von der Reaktion zur Prävention – Leitbild für eine moderne Gesellschaft, Studie zum Stand der Prävention in Deutschland*, o.O.

Bülow, Peter/Gerhard Ring (2005): *Heilmittelwerbegesetz – Kommentar*, 3. Aufl., Köln

Bundesministerium für Gesundheit und Soziale Sicherung (2003): *Nachhaltigkeit in der Finanzierung der Sozialen Sicherungssysteme*, (Rürup-Kommission), Berlin, (www.bmg.bund.de)

Bundesministerium für Gesundheit und Soziale Sicherung (2004a): *Agenda 2010 – Eine gesunde Entscheidung für alle*, Berlin

Bundesministerium für Gesundheit und Soziale Sicherung (2004b): *Bericht und Aktionsplan der Task Force zur Verbesserung der Standortbedingungen und der Innovationsmöglichkeiten der pharmazeutischen Industrie in Deutschland*, Berlin

Bundesministerium für Gesundheit und Soziale Sicherung (2005a): *Gesetzliche Krankenversicherung – Kennzahlen und Faustformeln*, Stand: 08. September 2005, Berlin

Bundesministerium für Gesundheit und Soziale Sicherung (2005b): *Gesetzliche Krankenversicherung – Mitglieder und mitversicherte Angehörige nach Altersgruppen, 1992 – 2004*, Stand: 21. Februar 2005, Berlin

Bundesministerium für Gesundheit und Soziale Sicherung (2005c): *Statistisches Taschenbuch 2005 – Arbeits- und Sozialstatistik*, Stand: Juni 2005, Bonn

Bundesministerium für Gesundheit und Soziale Sicherung (2005d): *2. Bericht und Aktionsplan der Task Force „Pharma" – Verbesserung der Standortbedingungen und der Innovationsmöglichkeiten der pharmazeutischen Industrie in Deutschland*, Berlin

Bundesministerium für Gesundheit und Soziale Sicherung (2005e): *Patientenrechte in Deutschland – Leitfaden für Patientinnen/Patienten und Ärztinnen/Ärzte*, Berlin

Bundesministerium für Gesundheit und Soziale Sicherung (2005f): *Sicherung der Qualität im Gesundheitswesen – Maßnahmen, Verantwortliche, Ansprechpartner*, Bonn

Bundesverband der Pharmazeutischen Industrie (2005a): *Pharma-Daten 2005*, Berlin, (www.bpi.de)

Bundesverband der Pharmazeutischen Industrie (2005b): *Erstattungsprozeduren in Europa und USA*, 2. Auflage, Berlin

Bundesverband der Pharmazeutischen Industrie (Hrsg. 2004): *Pharma-Kodex 2004*, Berlin

Bundesvereinigung Deutscher Arbeitgeberverbände (2004): *BDA-Finanzierungskonzept für das Gesundheitsprämienmodell*, Berlin

Butzlaff, Martin et al. (2003): *Shared decision making – der Patient im Mittelpunkt von Gesundheitswesen und Praxisalltag*, in: Böcken, Jan, et al. (Hrsg.): Gesundheitsmonitor 2003 – Die ambulante Versorgung aus Sicht von Bevölkerung und Ärzteschaft, S. 41 – 55, Gütersloh

Calfee, John E. (2002): *Public Policy Issues in Direct-to-Consumer Advertising of Prescription Drugs*, American Enterprise Institute-Brookings joint center for regulatory studies, o.O.

Calfee, John E. (2003): *What Do We Know About Direct-to-Consumer Advertising of Prescription Drugs*, Health Affairs Web Exclusive, W3 116 – 119, o.O., (http://content.healthaffairs.org/cgi/content/abstract/hlthaff.w3.116), zuletzt besucht am: 26.05.2006

Calfee, John E. (2005): *Direct-to-consumer advertising of prescription medicines in the United States and New Zealand: An analysis of regulatory approaches and consumer responses*, Presentation held at the FDA Public Hearing on DTC-Promotion of Medical Products, November 2, 2005, Washington (http://www.fda.gov/cder/ddmac/dtc2005/Calfee.ppt), zuletzt besucht am: 26.05.2006

Cap Gemini Ernst & Young (2001): *Patient Relationship Management – Die Rolle des Patienten in der Life-Sciences-Industrie*, Studie unter der Leitung von Professor Dr. med. Dr. sc. Karl Lautenbach, Bad Homburg

CDU/CSU (2004): *Reform der gesetzlichen Krankenversicherung – Solidarisches Gesundheitsprämien-Modell*, Berlin.

Doepner, Ulf (2000): *Heilmittelwerbegesetz – Kommentar*, 2. Aufl., München

Doepner, Ulf/Ulrich Reese (1998): *Auswirkungen von EG-Richtlinien auf die innerstaatliche Anwendung wettbewerbsregelnden Nebenstrafrechts – dargestellt an Beispielen des Heilmittelwerberechts*, GRUR 1998, Heft 10, S. 762 – 779, o.O.

Ehlers, Alexander/Ann-Kristin Laschner (2004): *Institut für Qualität und Wirtschaftlichkeit im Gesundheitswesen*, Pharm.Ind. 66, Nr. 12, S. 1501 – 1502, Aulendorf

Ehlers, Alexander/Michaela Heiss (2004): *Liberalisierung des Werberechts – Die zulässige Internetpräsenz des Arztes*, HERZ Cardiovascular Diseases, Nr. 2, 2004, S. 235 – 237, München

Ehlers, Alexander/Ute Walter (2004): *Die Internet-Apotheke und ihre Werbemöglichkeiten für Arzneimittel*, Pharm.Ind. 66, Nr. 1, S. 72 – 76, Aulendorf

Eisenmann, Hartmut/Ulrich Jautz (2004): *Grundriss Gewerblicher Rechtsschutz und Urheberrecht*, 5. Aufl., Heidelberg

Europäische Kommission (2001): *G10 Medicines –High Level Group on Innovation and Provision of Medicines – Consultation Paper*, Brüssel, (http://europa.eu.int/comm/enterprise/phabiocom/docs/g10an1.pdf), zuletzt besucht am: 26.05.2006

Europäische Kommission (2003): *Mitteilung der Kommission an den Rat, das Europäische Parlament, den Europäischen Wirtschafts- und Sozialausschuss und den Ausschuss der Regionen – Die pharmazeutische Industrie Europas zum Wohl der Patienten stärken: was zu tun ist*, Brüssel, KOM(2003) 383 endgültig, (http://europa.eu.int/eur-lex/lex/LexUriServ/site/de/com/2003/com2003_0383de01.pdf), zuletzt besucht am: 26.05.2006

European Federation of Pharmaceutical Industries and Associations (2004): *EFPIA code of practice on the promotion of medicines*, Brüssel

European Federation of Pharmaceutical Industries and Associations (2005): *The Pharmaceutical Industry in Figures. Key data –2005 update*, Brüssel, (www.efpia.org)

Evans, Tim et al. (2004): *Why Greater Freedom of Patient Information in European Healthcare Could Save Lives and Money*, Brüssel, Hrsg.: Center for the New Europe

Eysenbach, Gunther (2003): *Qualität von Gesundheitsinformationen im World Wide Web*, Bundesgesundheitsbl – Gesundheitsforsch – Gesundheitsschutz 4 (2003), S. 292 – 299, o.O.

FDP (2004): *Privater Krankenversicherungsschutz mit sozialer Absicherung für alle - die auf Wettbewerb begründete liberale Alternative.* (Beschluss des 55. Ordentlichen Bundesparteitags der FDP), Dresden

Federal Trade Commission / Department of Justice (2004): *Improving Healthcare – A Dose of Competition*, o.O.

Fink-Anthe, Carola (2006): *Transparenz und Verhaltensregeln für mehr Vertrauen*, Pharm.Ind. 68, Nr. 3, S. 265 – 267, Aulendorf

Food and Drug Administration (1999): *Attitudes and Behaviors Associated with Direct-to-Consumer (DTC) Promotion of Prescription Drugs: Main Survey Results*, Center for Drug Evaluation and Research, Division of Drug Marketing, Advertising and Communications, Washington, (http://www.fda.gov/cder/ddmac/dtcindex.htm) zuletzt besucht am: 26.05.2006

Fritzsche, Bernd (2004): *Verteilungspolitische Aspekte einer Umstellung der Beiträge zur Gesetzlichen Krankenversicherung auf Pauschalprämien in Verbindung mit Ausgleichszahlungen*, (RWI: Mitteilungen vol. 54/55 (1), S. 51-85.), Essen

Gahart, Martin T. et al. (2003): *Examining the FDA's Oversight Of Direct-To-Consumer Advertising*, , Health Affairs Web Exclusive, W3 120 – 123, o.O., (http://content.healthaffairs.org/cgi/content/abstract/hlthaff.w3.120), zuletzt besucht am: 26.05.2006

Gardner, David et al. (2003): *Direct-to-consumer prescription drug advertising in Canada: Permission by default?*, Canadian Medical Association Journal, 169 (5), S. 425 – 427, o.O.

Gehrig, Walter (1992): *Pharma Marketing – Instrumente, Organisation und Methoden*, 2. Aufl., Zürich

General Accounting Office (2002): *Prescription Drugs – FDA Oversight of Direct-to-Consumer Advertising Has Limitations*, GAO-03-177, Washington

Gerken, Lüder/Guido Raddatz (2002): *Deutschland im Reformstau – 3 Maßnahmenkataloge der Stiftung Marktwirtschaft – Maßnahmenkatalog I: Soziale Ordnung*, Hrsg.: Stiftung Marktwirtschaft, Berlin (www.stiftung-marktwirtschaft.de)

Gesundheitsziele.de – Forum zur Entwicklung und Umsetzung von Gesundheitszielen in Deutschland (2003): *Bericht – Gesundheitliche Kompetenz erhöhen, Patientensouveränität stärken*, Hrsg.: Gesellschaft für Versicherungswissenschaft und –gestaltung e.V., Köln

Glaeske, Gerd/Katrin Janhsen (2005): *GEK-Arzneimittel-Report 2005*, Schriftenreihe zur Gesundheitsanalyse, Bd. 36, Bremen/Schwäbisch-Gmünd

Harms Fred (2003): *DTC in den USA – Zukunftsaussichten DTC: Status Quo 2003*, in: Pharma-Marketing Journal, 6/2003, S. 212 – 213, o.O.

Harms, Fred/Marc Drüner (2003a): *DTC: Chance in Europa?*, in: Pharma Relations, April 2003, S. 12 – 13, o.O.

Harms, Fred/Marc Drüner (2003b): *DTC fördert Prävention*, in: Pharma Relations, November 2003, S. 28 – 29, o.O.

Harms, Fred/Marc Drüner (2003c): *Pharma-Marketing – Innovationsmanagement im 21. Jahrhundert*, Stuttgart

Harms, Fred/Marc Drüner/Sven Rohmann (2003): *Was ist eEmpowerment?*, in Pharma Relations, März 2003, S. 24 – 25, o.O.

Häser, Isabel (2005): *Werbemöglichkeiten für den Arzt – Tendenz zur Lockerung des ärztlichen Werbrechts*, in: Notfall & Hausarztmedizin, Nr. 11, 2005, S. 558 – 559, o.O.

Henke, Klaus-Dirk et al. (2002): *Zukunftsmodell für ein effizientes Gesundheitswesen in Deutschland*, Vereinte Krankenversicherung, München

Hoek, Janet et al. (2004): *Direct-to-consumer advertising of prescription medicines in the United States and New Zealand: an analysis of regulatory approaches and consumer responses*, International Journal of Advertising, 23, S. 197 – 227, Oxon

Hoek, Janet/Philip Gendall (2004): *Regulation of prescription medicine advertising in the United States and New Zealand: A consumer perspective*, presented at: WAPOR Conference, Phoenix, Arizona, 11-13 May, 2004

Hohensohn, Heidi (1998): *Patientenorientiertes Pharmamarketing – Kommunikation und Entscheidungsverhalten am Markt für verschreibungspflichtige Medikamente*, Wiesbaden

Holmer, Alan F. (1999): *Direct-to-Consumer Prescription Drug Advertising Builds Bridges Between Patients and Physicians*, Journal of American Medical Association, Vol. 281, No. 4, S. 380 – 381, o.O.

Homburg, Christian/Beatrix Dietz (2006): *Patientenmündigkeit – Ausprägung und Einfluß auf das Arzt-Patienten-Verhältnis*, Pharm.Ind. 68, Nr. 3, S. 288 – 293, Aulendorf

Institut der deutschen Wirtschaft Köln (2005): *Deutschland in Zahlen 2005*, Köln, (www.iwkoeln.de.de)

Institut für Qualität und Wirtschaftlichkeit im Gesundheitswesen (2005): *Kapitel: Evidenzbasierte Gesundheitsinformation für Bürger und Patienten*, Version 1.0, Köln, (www.iqwig.de)

International Alliance of Patients' Organizations – IAPO (2002): *Should pharmaceutical companies supply the public with more information on prescription medicines? The view of EU-based patient groups*, London, published by: PatientView

International Federation of Pharmaceuticals Manufacturers Association (2000): *IFPMA code of pharmaceutical marketing practices*, Genf, (www.ifpma.org)

Kelly, Pat (2004): *DTC Advertising's Benefits Far Outweight Its Imperfections*, Health Affairs Web Exclusive, W4 246 – 248, o.O., (http ://content.healthaffairs.org/cgi/content/abstract/hlthaff.w4.246), zuletzt besucht am: 26.05.2006

Knappe, Eckhard/Robert Arnold (2002): *Pauschalprämie in der Krankenversicherung – Ein Weg zu mehr Effizienz und mehr Gerechtigkeit*, Gutachten im Auftrag des Verbandes der bayerischen Wirtschaft, München (www.vbw-bayern.de)

Kommission "Soziale Sicherheit" zur Reform der sozialen Sicherungssysteme (2003): *Bericht der Kommission*, Herzog, Roman et al., Berlin.

Kronberger Kreis (2002): *Mehr Eigenverantwortung und Wettbewerb im Gesundheitswesen*, Donges, Juergen B. et al., Hrsg.: Stiftung Marktwirtschaft, Berlin

Liikanen, Erkki (2001): *Commission's proposal to review EU pharmaceutical legislation – Press Conference*, 18 July 2001, Brüssel, Speech /01/354

Lorz, Ralph Alexander (2005): *Internetwerbung für verschreibungspflichtige Arzneimittel aus gemeinschaftsrechtlicher Perspektive*, GRUR-Int, 2005, Heft 11, S. 895 – 908, München

Mand, Elmar (2006): *Verbraucherschutz und Versandhandel mit Arzneimitteln*, WRP 7/2006, S. 841 – 847, Frankfurt a.M.

Marstedt, Gerd (2003): *Auf der Suche nach gesundheitlicher Information und Beratung: Befunde zum Wandel der Patientenrolle*, in: Böcken, Jan, et al. (Hrsg.): Gesundheitsmonitor 2003 – Die ambulante Versorgung aus Sicht von Bevölkerung und Ärzteschaft, S. 117-135, Gütersloh

Masia, Neal (2003): *Economic Impact of DTC Advertising*, Presentation held at the FDA public meeting on direct-to-consumer promotion on September 23, 2003, o.O., (http://www.fda.gov/cder/ddmac/p4masia/P4Masia.ppt), zuletzt besucht am: 26.05.2006

New Zealand Ministry of Health (2000): *Direct-to-Consumer Advertising of Prescription Medicines in New Zealand – A discussion paper*, Wellington (www.moh.govt.nz)

New Zealand Ministry of Health (2001): *Summary of Submissions on the Direct-to-Consumer Advertising of Prescription Medicines in New Zealand Discussion Paper*, Wellington

New Zealand Ministry of Health (2003): *New Zealand Health and Disability Sector Overview*, Wellington

Nickel, Volker (1987): *Heilsame Fakten zur Publikumswerbung für Arzneimittel*, Hrsg.: Zentralausschuss der Werbewirtschaft (ZAW), Bonn

Norris, Jeremiah (2004): *Preventive Medicine -- How Information can Modernize EU Healthcare*, European Enterprise Institute, Policy Paper No. I / 2004, Brüssel (http://www.european-enterprise.org/items/whatwedo/analysis/EEIPolicyPaperOCT04.pdf), zuletzt besucht am: 26.05.2006

Oberender, Peter (1980): *Zur Reform des Gesundheitswesens* in: Hohmann, Karl et al. (Hrsg.), Grundtexte zur Sozialen Marktwirtschaft, Band 2, S. 497 – 524, Stuttgart / New York, 1988

Oberender, Peter/Ansgar Hebborn/Jürgen Zerth (2006): *Wachstumsmarkt Gesundheit*, 2. Auflage, Stuttgart

Pharmaceutical Research and Manufacturers of America (2004): *Pharmaceutical Marketing & Promotion – Though Questions, Straight Answers*, Washington, (www.phrma.org)

Pharmaceutical Research and Manufacturers of America (2005): *PhRMA Guiding Principles – Direct to Consumer Advertising About Prescription Medicines*, Washington

Pimpertz, Jochen (2005): *Den Kollaps vermeiden – Eine Therapie für das deutsche Gesundheitssystem*, 2. Aufl., Köln, Hrsg.: Institut der deutschen Wirtschaft Köln (www.iwkoeln.de)

Pollard, Stephen et al. (2004): *The Human Cost of Pharmaceutical Price Controls in Europe: A Case for Reform*, Brüssel, Hrsg.: Center for the New Europe

Prewo, Wilfried (2004): *From welfare state to social state – Empowerment, individual responsibility and effective compassion*, Catanzaro, Hrsg.: Center for the New Europe (www.cne.org)

Puteanus, Udo (2000): *Arzneimittelwerbung – Verbraucher wollen Information, Bericht über eine vom Landesinstitut für den Öffentlichen Gesundheitsdienst des Landes Nordrhein-Westfalen (lögd) durchgeführte telefonische Befragung zum Thema Arzneimittelwerbung und Arzneimittelinformation für Verbraucher*, Gesundheitswesen 2000; 62, S. 516 – 524

Rosenthal, Meredith B. et al. (2003): *Demand Effects of Recent Changes in Prescription Drug Promotion*, Menlo Park – California, Hrsg.: The Henry J. Kaiser Family Foundation

Rubin, Paul (2003): *The Economics and Impact of Pharmaceutical Promotion*, in: Economic Realities in Health Care Policy, Vol. 3, Issue 1, published by Pfizer Inc, New York

Rürup, Bert/Eberhard Wille (2004): *Finanzierungsreform in der Krankenversicherung*, Gutachten im Auftrag des Verbandes der privaten Krankenversicherer, o.O: (http://www.aok-bv.de/imperia/md/content/aokbundesverband/dokumente/pdf/politik/gutachen_ruerup_wille.pdf), zuletzt besucht am: 26.05.2006

Sachverständigenrat (2005): *Gutachten 2005 des Sachverständigenrates zur Begutachtung der Entwicklung im Gesundheitswesen – Koordination und Qualität im Gesundheitswesen*, (Wille, Eberhard et al.), Bundestags-Drucksache 15/5670, Bonn

Sachverständigenrat-Wirtschaft (2004): *Erfolge im Ausland - Herausforderungen im Inland. Jahresgutachten 2004/05*, Sachverständigenrat zur Begutachtung der gesamtwirtschaftlichen Entwicklung, Wiesbaden, (www.sachverstaendigenrat-wirtschaft.de)

Scholz, Rupert (1998): *Freiheit und Schranken der Werbung im Spannungsfeld von Verfassungs- und Europarecht*, Hrsg.: Zentralverband der deutschen Werbewirtschaft e.V., Bonn

Schwabe, Ulrich/Dieter Paffrath (Hrsg. 2005): *Arzneiverordnungs-Report 2005*, Berlin, Heidelberg

Seiter, Simone et al. (2003): *Connected Healthcare – Management eines vernetzten Gesundheitswesens als wichtigste Herausforderung für die Pharmaindustrie*, Pharm. Ind. 65, Nr. 8, S. 729 – 736, Aulendorf

Statistisches Bundesamt (2003a): *Bevölkerung Deutschlands bis 2050 – 10. koordinierte Bevölkerungsberechnung*, Wiesbaden, (www.destatis.de)

Strahlendorf, Peter/Volker Meidinger (Hrsg. 2003): *Jahrbuch Pharma + OTC-Marketing 2003*, Hamburg

Streich, Waldemar (2004): *Der informierte Patient – Hinweise zum praktischen Nutzen seines Wissens in der ambulanten Versorgung*, Gesundheitsmonitor 1/04, S. 2 – 5, Gütersloh

Streich, Waldemar et al. (2002): *Partnerschaftliche Beteiligung an Therapieentscheidungen*, in: Böcken, Jan, et al. (Hrsg.): Gesundheitsmonitor 2002 – Die ambulante Versorgung aus Sicht von Bevölkerung und Ärzteschaft, S. 35 – 51, Gütersloh

Troy, Dan (2004): *Direct to Consumer Information: For and Against*, A CNE Health Luncheon Transcript, 15 July 2004, Brüssel, (http://www.cne.org/pub_pdf/2004_07_15_dtc_troy.pdf), zuletzt besucht am: 26.05.2006

Verband Forschender Arzneimittelhersteller e.V. (2005a): *Statistics 2005 – Die Arzneimittelindustrie in Deutschland*, Berlin (www.vfa.de)

Verband Forschender Arzneimittelhersteller e.V. (2005b): *Forschung für das Leben – Entwicklungsprojekte für innovative Arzneimittel*, Berlin

Watson, Rory (2001): *Consumer groups fight plans for "direct to patient" advertisements*, British Medical Journal 2001, Vol. 323, S. 889, Brüssel

Weissman, Joel et al. (2004): *Physicians Report On Patient Encounters Involving Direct-To-Consumer Advertising*, Health Affairs Web Exclusive, W4 219 – 239, o.O., (http://content.healthaffairs.org/cgi/content/abstract/hlthaff.w4.219), zuletzt besucht am: 26.05.2006

Zweifel, Peter/Michael Breuer (2002): *Weiterentwicklung des deutschen Gesundheitssystems – Gutachten im Auftrag des VFA*, Zürich

10. Anhang

10.1. Gesetz über die Werbung auf dem Gebiete des Heilwesens

Datum: 11. Juli 1965
Fundstelle: BGBl I 1965, 604
Textnachweis Geltung ab: 1. 1.1978
Stand: Neugefasst durch Bekanntmachung vom 19.10.1994 I 3068; zuletzt geändert durch Art. 2 G.v. 26. 04. 2006 I 984

§ 1

(1) Dieses Gesetz findet Anwendung auf die Werbung für
1. Arzneimittel im Sinne des § 2 des Arzneimittelgesetzes,
1a. Medizinprodukte im Sinne des § 3 des Medizinproduktegesetzes,
2. andere Mittel, Verfahren, Behandlungen und Gegenstände, soweit sich die Werbeaussage auf die Erkennung, Beseitigung oder Linderung von Krankheiten, Leiden, Körperschäden oder krankhaften Beschwerden bei Mensch oder Tier bezieht „sowie operative plastisch-chirurgische Eingriffe, soweit sich die Werbeaussage auf die Veränderung des menschlichen Körpers ohne medizinische Notwendigkeit bezieht.

(2) Andere Mittel im Sinne des Absatzes 1 Nr. 2 sind kosmetische Mittel im Sinne des § 4 des Lebensmittel- und Bedarfsgegenständegesetzes. Gegenstände im Sinne des Absatzes 1 Nr. 2 sind auch Gegenstände zur Körperpflege im Sinne des § 5 Abs. 1 Nr. 4 des Lebensmittel- und Bedarfsgegenständegesetzes.

(3) Eine Werbung im Sinne dieses Gesetzes ist auch das Ankündigen oder Anbieten von Werbeaussagen, auf die dieses Gesetz Anwendung findet.

(4) Dieses Gesetz findet keine Anwendung auf die Werbung für Gegenstände zur Verhütung von Unfallschäden.

(5) Das Gesetz findet keine Anwendung auf den Schriftwechsel und die Unterlagen, die nicht Werbezwecken dienen und die zur Beantwortung einer konkreten Anfrage zu einem bestimmten Arzneimittel erforderlich sind.

(6) Das Gesetz findet ferner keine Anwendung beim elektronischen Handel mit Arzneimitteln auf das Bestellformular und die dort aufgeführten Angaben, soweit diese für eine ordnungsgemäße Bestellung notwendig sind.

§ 2

Fachkreise im Sinne dieses Gesetzes sind Angehörige der Heilberufe oder des Heilgewerbes, Einrichtungen, die der Gesundheit von Mensch oder Tier dienen, oder sonstige Personen, soweit sie mit Arzneimitteln, Medizinprodukten, Verfahren, Behandlungen, Gegenständen oder anderen Mitteln erlaubterweise Handel treiben oder sie in Ausübung ihres Berufes anwenden.

§ 3

Unzulässig ist eine irreführende Werbung. Eine Irreführung liegt insbesondere dann
vor,

1. wenn Arzneimitteln, Medizinprodukten, Verfahren, Behandlungen, Gegenständen oder anderen Mitteln eine therapeutische Wirksamkeit oder Wirkungen beigelegt werden, die sie nicht haben,
2. wenn fälschlich der Eindruck erweckt wird, dass
   a) ein Erfolg mit Sicherheit erwartet werden kann,
   b) bei bestimmungsgemäßem oder längerem Gebrauch keine schädlichen Wirkungen eintreten,
   c) die Werbung nicht zu Zwecken des Wettbewerbs veranstaltet wird,
3. wenn unwahre oder zur Täuschung geeignete Angaben
   a) über die Zusammensetzung oder Beschaffenheit von Arzneimitteln, Medizinprodukten, Gegenständen oder anderen Mitteln oder über die Art und Weise der Verfahren oder Behandlungen oder
   b) über die Person, Vorbildung, Befähigung oder Erfolge des Herstellers, Erfinders oder der für sie tätigen oder tätig gewesenen Personen gemacht werden.

§ 3a

Unzulässig ist eine Werbung für Arzneimittel, die der Pflicht zur Zulassung unterliegen und die nicht nach den arzneimittelrechtlichen Vorschriften zugelassen sind oder als zugelassen gelten. Satz 1 findet auch Anwendung, wenn sich die Werbung auf Anwendungsgebiete oder Darreichungsformen bezieht, die nicht von der Zulassung erfasst sind.

§ 4

(1) Jede Werbung für Arzneimittel im Sinne des § 2 Abs. 1 oder Abs. 2 Nr. 1 des Arzneimittelgesetzes muss folgende Angaben enthalten:
   1. den Namen oder die Firma und den Sitz des pharmazeutischen Unternehmers,
   2. die Bezeichnung des Arzneimittels,
   3. die Zusammensetzung des Arzneimittels gemäß § 11 Abs. 1 Satz 1 Nr. 6 Buchstabe d des Arzneimittelgesetzes,
   4. die Anwendungsgebiete,

5. die Gegenanzeigen,
6. die Nebenwirkungen,
7. Warnhinweise, soweit sie für die Kennzeichnung der Behältnisse und äußeren Umhüllungen vorgeschrieben sind,
7a. bei Arzneimitteln, die nur auf ärztliche, zahnärztliche oder tierärztliche Verschreibung abgegeben werden dürfen, der Hinweis "Verschreibungspflichtig",
8. die Wartezeit bei Arzneimitteln, die zur Anwendung bei Tieren bestimmt sind, die der Gewinnung von Lebensmitteln dienen. Eine Werbung für traditionelle pflanzliche Arzneimittel, die nach dem Arzneimittelgesetz registriert sind, muss folgenden Hinweis enthalten: "Traditionelles pflanzliches Arzneimittel zur Anwendung bei ... (spezifiziertes Anwendungsgebiet/spezifizierte Anwendungsgebiete) ausschließlich auf Grund langjähriger Anwendung".

(1a) Bei Arzneimitteln, die nur einen arzneilich wirksamen Bestandteil enthalten, muss der Angabe nach Absatz 1 Nr. 2 die Bezeichnung dieses Bestandteils mit dem Hinweis: "Wirkstoff:" folgen; dies gilt nicht, wenn in der Angabe nach Absatz 1 Nr. 2 die Bezeichnung des Wirkstoffs enthalten ist.

(2) Die Angaben nach den Absätzen 1 und 1a müssen mit denjenigen übereinstimmen, die nach § 11 oder § 12 des Arzneimittelgesetzes für die Packungsbeilage vorgeschrieben sind. Können die in § 11 Abs. 1 Satz 1 Nr. 3 Buchstabe a und c und Nr. 5 des Arzneimittelgesetzes vorgeschriebenen Angaben nicht gemacht werden, so können sie entfallen.

(3) Bei einer Werbung außerhalb der Fachkreise ist der Text "Zu Risiken und Nebenwirkungen lesen Sie die Packungsbeilage und fragen Sie Ihren Arzt oder Apotheker" gut lesbar und von den übrigen Werbeaussagen deutlich abgesetzt und abgegrenzt anzugeben. Bei einer Werbung für Heilwässer tritt an die Stelle der Angabe "die Packungsbeilage" die Angabe "das Etikett" und bei einer Werbung für Tierarzneimittel an die Stelle "Ihren Arzt" die Angabe "den Tierarzt". Die Angaben nach Absatz 1 Nr. 1, 3, 5 und 6 können entfallen. Satz 1 findet keine Anwendung auf Arzneimittel, die für den Verkehr außerhalb der Apotheken freigegeben sind, es sei denn, daß in der Packungsbeilage oder auf dem Behältnis Nebenwirkungen oder sonstige Risiken angegeben sind.

(4) Die nach Absatz 1 vorgeschriebenen Angaben müssen von den übrigen Werbeaussagen deutlich abgesetzt, abgegrenzt und gut lesbar sein.

(5) Nach einer Werbung in audiovisuellen Medien ist der nach Absatz 3 Satz 1 oder 2 vorgeschriebene Text einzublenden, der im Fernsehen vor neutralem Hintergrund gut lesbar wiederzugeben und gleichzeitig zu sprechen ist, sofern

nicht die Angabe dieses Textes nach Absatz 3 Satz 4 entfällt. Die Angaben nach Absatz 1 können entfallen.

(6) Die Absätze 1, 1a, 3 und 5 gelten nicht für eine Erinnerungswerbung. Eine Erinnerungswerbung liegt vor, wenn ausschließlich mit der Bezeichnung eines Arzneimittels oder zusätzlich mit dem Namen, der Firma, der Marke des pharmazeutischen Unternehmers oder dem Hinweis: "Wirkstoff:" geworben wird.

§ 4a

(1) Unzulässig ist es, in der Packungsbeilage eines Arzneimittels für andere Arzneimittel oder andere Mittel zu werben.

(2) Unzulässig ist es auch, außerhalb der Fachkreise für die im Rahmen der vertragsärztlichen Versorgung bestehende Verordnungsfähigkeit eines Arzneimittels zu werben.

§ 5

Für homöopathische Arzneimittel, die nach dem Arzneimittelgesetz registriert oder von der Registrierung freigestellt sind, darf mit der Angabe von Anwendungsgebieten nicht geworben werden.

§ 6

Unzulässig ist eine Werbung, wenn

1. Gutachten oder Zeugnisse veröffentlicht oder erwähnt werden, die nicht von wissenschaftlich oder fachlich hierzu berufenen Personen erstattet worden sind und nicht die Angabe des Namens, Berufes und Wohnortes der Person, die das Gutachten erstellt oder das Zeugnis ausgestellt hat, sowie den Zeitpunkt der Ausstellung des Gutachtens oder Zeugnisses enthalten,
2. auf wissenschaftliche, fachliche oder sonstige Veröffentlichungen Bezug genommen wird, ohne daß aus der Werbung hervorgeht, ob die Veröffentlichung das Arzneimittel, das Verfahren, die Behandlung, den Gegenstand oder ein anderes Mittel selbst betrifft, für die geworben wird, und ohne daß der Name des Verfassers, der Zeitpunkt der Veröffentlichung und die Fundstelle genannt werden,
3. aus der Fachliteratur entnommene Zitate, Tabellen oder sonstige Darstellungen nicht wortgetreu übernommen werden.

§ 7

(1) Es ist unzulässig, Zuwendungen und sonstige Werbegaben (Waren oder Leistungen) anzubieten, anzukündigen oder zu gewähren oder als Angehöriger der Fachkreise anzunehmen, es sei denn, dass

1. es sich bei den Zuwendungen oder Werbegaben um Gegenstände von geringem Wert, die durch eine dauerhafte und deutlich sichtbare Bezeichnung des Werbenden oder des beworbenen Produktes oder beider gekennzeichnet sind, oder um geringwertige Kleinigkeiten handelt;
2. die Zuwendungen oder Werbegaben in
   a) einem bestimmten oder auf bestimmte Art zu berechnenden Geldbetrag oder
   b) einer bestimmten oder auf bestimmte Art zu berechnenden Menge gleicher Ware gewährt werden; für apothekenpflichtige Arzneimittel gilt dies nur, soweit die Zuwendungen oder Werbegaben zusätzlich zur Lieferung eines pharmazeutischen Unternehmers oder Großhändlers an die in § 47 des Arzneimittelgesetzes genannten Personen, Einrichtungen oder Behörden gewährt werden.
3. die Zuwendungen oder Werbegaben nur in handelsüblichem Zubehör zur Ware oder in handelsüblichen Nebenleistungen bestehen; als handelsüblich gilt insbesondere eine im Hinblick auf den Wert der Ware oder Leistung angemessene teilweise oder vollständige Erstattung oder Übernahme von Fahrtkosten für Verkehrsmittel des öffentlichen Personennahverkehrs, die im Zusammenhang mit dem Besuch des Geschäftslokals oder des Orts der Erbringung der Leistung aufgewendet werden darf;
4. die Zuwendungen oder Werbegaben in der Erteilung von Auskünften oder Ratschlägen bestehen oder
5. es sich um unentgeltlich an Verbraucherinnen und Verbraucher abzugebende Zeitschriften handelt, die nach ihrer Aufmachung und Ausgestaltung der Kundenwerbung und den Interessen der verteilenden Person dienen, durch einen entsprechenden Aufdruck auf der Titelseite diesen Zweck erkennbar machen und in ihren Herstellungskosten geringwertig sind (Kundenzeitschriften). Werbegaben für Angehörige der Heilberufe sind unbeschadet des Satzes 1 nur dann zulässig, wenn sie zur Verwendung in der ärztlichen, tierärztlichen oder pharmazeutischen Praxis bestimmt sind. § 47 Abs. 3 des Arzneimittelgesetzes bleibt unberührt.

(2) Absatz 1 gilt nicht für Zuwendungen im Rahmen ausschließlich berufsbezogener wissenschaftlicher Veranstaltungen, sofern diese einen vertretbaren Rahmen nicht überschreiten, insbesondere in Bezug auf den wissenschaftlichen Zweck der Veranstaltung von untergeordneter Bedeutung sind und sich nicht auf andere als im Gesundheitswesen tätige Personen erstrecken.

(3) Es ist unzulässig, für die Entnahme oder sonstige Beschaffung von Blut- Plasma-, oder Gewebespenden zur Herstellung von Blut- und Gewebeprodukten und anderen Produkten zur Anwendung bei Menschen mit der Zahlung einer finanziellen Zuwendung oder Aufwandsentschädigung zu werben.

§ 8

Unzulässig ist die Werbung, Arzneimittel im Wege des Teleshopping oder bestimmte Arzneimittel im Wege der Einzeleinfuhr nach § 73 Abs. 2 Nr. 6a oder § 73 Abs. 3 des Arzneimittelgesetzes zu beziehen.

§ 9

Unzulässig ist eine Werbung für die Erkennung oder Behandlung von Krankheiten, Leiden, Körperschäden oder krankhaften Beschwerden, die nicht auf eigener Wahrnehmung an dem zu behandelnden Menschen oder Tier beruht (Fernbehandlung).

§ 10

(1) Für verschreibungspflichtige Arzneimittel darf nur bei Ärzten, Zahnärzten, Tierärzten, Apothekern und Personen, die mit diesen Arzneimitteln erlaubterweise Handel treiben, geworben werden.

(2) Für Arzneimittel, die dazu bestimmt sind, bei Menschen die Schlaflosigkeit oder psychische Störungen zu beseitigen oder die Stimmungslage zu beeinflussen, darf außerhalb der Fachkreise nicht geworben werden.

§ 11

(1) Außerhalb der Fachkreise darf für Arzneimittel, Verfahren, Behandlungen, Gegenstände oder andere Mittel nicht geworben werden

1. mit Gutachten, Zeugnissen, wissenschaftlichen oder fachlichen Veröffentlichungen sowie mit Hinweisen darauf,
2. mit Angaben, daß das Arzneimittel, das Verfahren, die Behandlung, der Gegenstand oder das andere Mittel ärztlich, zahnärztlich, tierärztlich oder anderweitig fachlich empfohlen oder geprüft ist oder angewendet wird,
3. mit der Wiedergabe von Krankengeschichten sowie mit Hinweisen darauf,
4. mit der bildlichen Darstellung von Personen in der Berufskleidung oder bei der Ausübung der Tätigkeit von Angehörigen der Heilberufe, des Heilgewerbes oder des Arzneimittelhandels,
5. mit der bildlichen Darstellung

a) von Veränderungen des menschlichen Körpers oder seiner Teile durch Krankheiten, Leiden oder Körperschäden,
b) der Wirkung eines Arzneimittels, eines Verfahrens, einer Behandlung, eines Gegenstandes oder eines anderen Mittels durch vergleichende Darstellung des Körperzustandes oder des Aussehens vor und nach der Anwendung,
c) des Wirkungsvorganges eines Arzneimittels, eines Verfahrens, einer Behandlung, eines Gegenstandes oder eines anderen Mittels am menschlichen Körper oder an seinen Teilen,

6. mit fremd- oder fachsprachlichen Bezeichnungen, soweit sie nicht in den allgemeinen deutschen Sprachgebrauch eingegangen sind,
7. mit einer Werbeaussage, die geeignet ist, Angstgefühle hervorzurufen oder auszunutzen,
8. durch Werbevorträge, mit denen ein Feilbieten oder eine Entgegennahme von Anschriften verbunden ist,
9. mit Veröffentlichungen, deren Werbezweck mißverständlich oder nicht deutlich erkennbar ist,
10. mit Veröffentlichungen, die dazu anleiten, bestimmte Krankheiten, Leiden, Körperschäden oder krankhafte Beschwerden beim Menschen selbst zu erkennen und mit den in der Werbung bezeichneten Arzneimitteln, Gegenständen, Verfahren, Behandlungen oder anderen Mitteln zu behandeln, sowie mit entsprechenden Anleitungen in audiovisuellen Medien,
11. mit Äußerungen Dritter, insbesondere mit Dank-, Anerkennungs- oder Empfehlungsschreiben, oder mit Hinweisen auf solche Äußerungen,
12. mit Werbemaßnahmen, die sich ausschließlich oder überwiegend an Kinder unter 14 Jahren richten,
13. mit Preisausschreiben, Verlosungen oder anderen Verfahren, deren Ergebnis vom Zufall abhängig ist,
14. durch die Abgabe von Mustern oder Proben von Arzneimitteln oder durch Gutscheine dafür,
15. durch die nicht verlangte Abgabe von Mustern oder Proben von anderen Mitteln oder Gegenständen oder durch Gutscheine dafür. Für Medizinprodukte gilt Satz 1 Nr. 6 bis 9, 11 und 12 entsprechend.

(2) Außerhalb der Fachkreise darf für Arzneimittel zur Anwendung bei Menschen nicht mit Angaben geworben werden, die nahe legen, dass die Wirkung des Arzneimittels einem anderen Arzneimittel oder einer anderen Behandlung entspricht oder überlegen ist.

§ 12

(1) Außerhalb der Fachkreise darf sich die Werbung für Arzneimittel und Medizinprodukte nicht auf die Erkennung, Verhütung, Beseitigung oder Linderung der in Abschnitt A der Anlage zu diesem Gesetz aufgeführten Krankheiten oder Leiden bei Menschen beziehen, die Werbung für Arzneimittel außerdem nicht auf die Erkennung, Verhütung, Beseitigung oder Linderung der in Abschnitt B dieser Anlage aufgeführten Krankheiten oder Leiden beim Tier. Abschnitt A Nr. 2 der Anlage findet keine Anwendung auf die Werbung für Medizinprodukte.

(2) Die Werbung für andere Mittel, Verfahren, Behandlungen oder Gegenstände außerhalb der Fachkreise darf sich nicht auf die Erkennung, Beseitigung oder Linderung dieser Krankheiten oder Leiden beziehen. Dies gilt nicht für die Werbung für Verfahren oder Behandlungen in Heilbädern, Kurorten und Kuranstalten.

§ 13

Die Werbung eines Unternehmens mit Sitz außerhalb des Geltungsbereichs dieses Gesetzes ist unzulässig, wenn nicht ein Unternehmen mit Sitz oder eine natürliche Person mit gewöhnlichem Aufenthalt im Geltungsbereich dieses Gesetzes oder in einem anderen Mitgliedstaat der Europäischen Gemeinschaften oder in einem anderen Vertragsstaat des Abkommens über den Europäischen Wirtschaftsraum, die nach diesem Gesetz unbeschränkt strafrechtlich verfolgt werden kann, ausdrücklich damit betraut ist, die sich aus diesem Gesetz ergebenden Pflichten zu übernehmen.

§ 14

Wer dem Verbot der irreführenden Werbung (§ 3) zuwiderhandelt, wird mit Freiheitsstrafe bis zu einem Jahr oder mit Geldstrafe bestraft.

§ 15

(1) Ordnungswidrig handelt, wer vorsätzlich oder fahrlässig

1. entgegen § 3a eine Werbung für ein Arzneimittel betreibt, das der Pflicht zur Zulassung unterliegt und das nicht nach den arzneimittelrechtlichen Vorschriften zugelassen ist oder als zugelassen gilt,
2. eine Werbung betreibt, die die nach § 4 vorgeschriebenen Angaben nicht enthält oder entgegen § 5 mit der Angabe von Anwendungsgebieten wirbt,
3. in einer nach § 6 unzulässigen Weise mit Gutachten, Zeugnissen oder Bezugnahmen auf Veröffentlichungen wirbt,

4. entgegen § 7 Abs. 1 und 3 eine mit Zuwendungen oder sonstigen Werbegaben verbundene Werbung betreibt,
4a. entgegen § 7 Abs. 1 als Angehöriger der Fachkreise eine Zuwendung oder sonstige Werbegabe annimmt,
5. entgegen § 8 eine dort genannte Werbung betreibt,
6. entgegen § 9 für eine Fernbehandlung wirbt,
7. entgegen § 10 für die dort bezeichneten Arzneimittel wirbt,
8. auf eine durch § 11 verbotene Weise außerhalb der Fachkreise wirbt,
9. entgegen § 12 eine Werbung betreibt, die sich auf die in der Anlage zu § 12 aufgeführten Krankheiten oder Leiden bezieht,
10. eine nach § 13 unzulässige Werbung betreibt.

(2) Ordnungswidrig handelt ferner, wer fahrlässig dem Verbot der irreführenden Werbung (§ 3) zuwiderhandelt.

(3) Die Ordnungswidrigkeit nach Absatz 1 kann mit einer Geldbuße bis zu fünfzigtausend Euro, die Ordnungswidrigkeit nach Absatz 2 mit einer Geldbuße bis zu zwanzigtausend Euro geahndet werden.

§ 16

Werbematerial und sonstige Gegenstände, auf die sich eine Straftat nach § 14 oder eine Ordnungswidrigkeit nach § 15 bezieht, können eingezogen werden. § 74a des Strafgesetzbuches und § 23 des Gesetzes über Ordnungswidrigkeiten sind anzuwenden.

§ 17

Das Gesetz gegen den unlauteren Wettbewerb bleibt unberührt.

§ 18

Werbematerial, das den Vorschriften des § 4 nicht entspricht, jedoch den Vorschriften des Gesetzes in der bis zum 10. September 1998 geltenden Fassung, darf noch bis zum 31. März 1999 verwendet werden.

Anlage (zu § 12)

Krankheiten und Leiden, auf die sich die Werbung gemäß § 12 nicht beziehen darf

A. Krankheiten und Leiden beim Menschen
1. Nach dem Infektionsschutzgesetz vom 20. Juli 2000 (BGBl. I S. 1045) meldepflichtige Krankheiten oder durch meldepflichtige Krankheitserreger verursachte Infektionen,
2. bösartige Neubildungen,

3. Suchtkrankheiten, ausgenommen Nikotinabhängigkeit,
4. krankhafte Komplikationen der Schwangerschaft, der Entbindung und des Wochenbetts.

B. Krankheiten und Leiden beim Tier

1. Nach der Verordnung über anzeigepflichtige Tierseuchen und der Verordnung über meldepflichtige Tierkrankheiten in ihrer jeweils geltenden Fassung anzeige- oder meldepflichtige Seuchen oder Krankheiten,
2. bösartige Neubildungen,
3. bakterielle Eutererkrankungen bei Kühen, Ziegen und Schafen,
4. Kolik bei Pferden und Rindern.

10.2. Artikel 86 – 88 der Richtlinie 2001/83/EG

Amtliche Überschrift: „Richtlinie 2001/83/EG DES EUROPÄISCHEN PARLAMENTS UND DES RATES vom 6. November 2001 zur Schaffung eines Gemeinschaftskodexes für Humanarzneimittel"

Zuletzt geändert durch: „Richtlinie 2004/27/EG DES EUROPÄISCHEN PARLAMENTS UND DES RATES vom 31. März 2004 zur Änderung der Richtlinie 2001/83/EG zur Schaffung eines Gemeinschaftskodexes für Humanarzneimittel"

Artikel 86

(1) Im Sinne dieses Titels gelten als „Werbung für Arzneimittel" alle Maßnahmen zur Information, zur Marktuntersuchung und zur Schaffung von Anreizen mit dem Ziel, die Verschreibung, die Abgabe, den Verkauf oder den Verbrauch von Arzneimitteln zu fördern; sie umfasst insbesondere:
- die Öffentlichkeitswerbung für Arzneimittel,
- die Arzneimittelwerbung bei Personen, die zur Verschreibung oder zur Abgabe von Arzneimitteln befugt sind,
- den Besuch von Arzneimittelvertretern bei Personen, die zur Verschreibung oder zur Abgabe von Arzneimitteln befugt sind,
- die Lieferung von Arzneimittelmustern,
- Anreize zur Verschreibung oder Abgabe von Arzneimitteln durch das Gewähren, Anbieten oder Versprechen von finanziellen oder materiellen Vorteilen, sofern diese nicht von geringem Wert sind,
- das Sponsern von Verkaufsförderungstagungen, an denen Personen teilnehmen, die zur Verschreibung oder zur Abgabe von Arzneimitteln befugt sind,
- das Sponsern wissenschaftlicher Kongresse, an denen Personen teilnehmen, die zur Verschreibung oder zur Abgabe von Arzneimitteln befugt sind, insbesondere die Übernahme der Reise- und Aufenthaltskosten dieser Personen.

(2) Dieser Titel betrifft nicht
- die Etikettierung und die Packungsbeilage, die den Bestimmungen des Titels V unterliegen,
- den Schriftwechsel und gegebenenfalls alle Unterlagen, die nicht Werbezwecken dienen und die zur Beantwortung einer konkreten Anfrage über ein bestimmtes Arzneimittel erforderlich sind,
- die konkreten Angaben und die Unterlagen, die beispielsweise Änderungen der Verpackung, Warnungen vor unerwünschten Nebenwirkungen im Rahmen der Arzneimittelüberwachung sowie Verkaufskataloge und Preislisten betreffen, sofern diese keine Angaben über das Arzneimittel enthalten,

- Informationen über die Gesundheit oder Krankheit des Menschen, sofern darin nicht, auch nicht in indirekter Weise, auf ein Arzneimittel Bezug genommen wird.

Artikel 87

(1) Die Mitgliedstaaten untersagen die Werbung für ein Arzneimittel, für dessen Inverkehrbringen keine Genehmigung nach den Rechtsvorschriften der Gemeinschaft erteilt worden ist.

(2) Alle Elemente der Arzneimittelwerbung müssen mit den Angaben in der Zusammenfassung der Merkmale des Arzneimittels vereinbar sein.

(3) Die Arzneimittelwerbung:
- muss einen zweckmäßigen Einsatz des Arzneimittels fördern, indem sie seine Eigenschaften objektiv und ohne Übertreibung darstellt;
- darf nicht irreführend sein.

Artikel 88

(1) Die Mitgliedstaaten verbieten die Öffentlichkeitswerbung für Arzneimittel, die
a) gemäß Titel VI nur auf ärztliche Verschreibung abgegeben werden dürfen,
b) psychotrope Substanzen oder Suchtstoffe im Sinne der internationalen Übereinkommen, wie das Übereinkommen der Vereinten Nationen von 1961 bis 1971, enthalten.

(2) Für Arzneimittel, die nach ihrer Zusammensetzung und Zweckbestimmung so beschaffen und konzipiert sind, dass sie ohne Tätigwerden eines Arztes für die Diagnose, Verschreibung oder Überwachung der Behandlung, erforderlichenfalls nach Beratung durch den Apotheker, verwendet werden können, kann Öffentlichkeitswerbung erfolgen.

(3) Die Mitgliedstaaten sind berechtigt, in ihrem Gebiet die Öffentlichkeitswerbung für erstattungsfähige Arzneimittel zu untersagen.

(4) Das Verbot nach Absatz 1 gilt nicht für die von den zuständigen Behörden der Mitgliedstaaten genehmigten Impfkampagnen der Industrie.

(5) Das Verbot nach Absatz 1 gilt unbeschadet des Artikels 14 der Richtlinie 89/552/EWG.

(6) Die Mitgliedstaaten untersagen die direkte Abgabe von Arzneimitteln an die Öffentlichkeit durch die Industrie zum Zwecke der Verkaufsförderung.

11. Stichwortverzeichnis

Pforzheimer wirtschaftsrechtliche Studien

Herausgegeben von Rainer Gildeggen und Andreas Willburger

Band 1 Fabian Rieß: Publikumswerbung für verschreibungspflichtige Arzneimittel. 2007.

www.peterlang.de

Peter Lang · Europäischer Verlag der Wissenschaften

Kristin Krudop-Scholz

Die ärztliche Aufklärung bei der Arzneibehandlung

Sicherungs- und Selbstbestimmungsaufklärung auch bei Routinebehandlungen

Frankfurt am Main, Berlin, Bern, Bruxelles, New York, Oxford, Wien, 2005.
237 S.
Europäische Hochschulschriften: Reihe 2, Rechtswissenschaft. Bd. 4278
ISBN 3-631-54190-2 · br. € 42.50*

Die Arzneibehandlung hat innerhalb des medizinischen Versorgungsgeschehens einen enormen Stellenwert erlangt, da Arzneimittel vielfach Bestandteil ärztlicher Therapien sind. Sie weist dabei einige Besonderheiten gegenüber anderen Therapieformen auf. So bestehen häufiger als bei anderen Behandlungen schriftliche Informationsangebote durch den Arzt und den pharmazeutischen Hersteller. Das Buch behandelt die haftungsrechtlichen Aufklärungspflichten des Arztes in der Arzneibehandlung, indem es die allgemein entwickelten arzthaftungsrechtlichen Grundsätze zur Aufklärungspflicht auf die Besonderheiten der Arzneimitteltherapie einstellt. Insbesondere wird dabei auf das Zusammenspiel von schriftlicher und mündlicher Aufklärung eingegangen. Außerdem untersucht die Autorin, welche Anforderungen das Haftungsrecht an den Arzt stellt, wenn er die Substitution des verordneten Arzneimittels durch den Apotheker (*aut idem*) zulassen will.

Aus dem Inhalt: Grundlagen und Strukturen der Aufklärungspflicht · *Shared Decision Making* · Selbstbestimmungsrecht · Gebrauchsinformation · Merkblätter · Arzneimittelinformationsrecht · Stufenaufklärung · *Aut idem*

FSC
www.fsc.org
MIX
Papier | Fördert gute Waldnutzung
FSC® C083411

Kolibri 360 GmbH
Ferdinand-Jühlke-Straße 7
99095 Erfurt, Deutschland
produktsicherheit@kolibri360.de

Druck:
CPI Druckdienstleistungen GmbH
im Auftrag der
Kolibri 360 GmbH
Ferdinand-Jühlke-Str. 7
99095 Erfurt